Giovanna Magi

PARIS

Guide Complet
pour Visiter la Ville

13 Itinéraires avec cartes détaillées
260 Photos couleurs
Plan de la ville
Plan du Louvre et du Musée d'Orsay

LE CHÂTEAU ET LES JARDINS
DE VERSAILLES

D1412518

© Copyright by Casa Editrice Bonechi via dei Cairoli 18 b - 50131 Florence - Italy
Tel. +39 055 576841 - Fax +39 055 5000766
E-mail:bonechi@bonechi.it Internet:www.bonechi.it

Projet et création: Casa Editrice Bonechi
Réalisation graphique et couverture: Manuela Ranfagni
Mise en pages: Vanni Berti
Rédaction: Rose-Marie Olivier et Simonetta Giorgi
Dessins: Stefano Benini et Fiorella Cipolletta

Texte et recherche iconographique: Giovanna Magi

Imprimé en Italie par Centro Stampa Editoriale Bonechi

ISBN 88-476-0650-0

* * *

Paris aux mille visages

Qui se souvient du mot d'Hemingway "Paris est une fête" et de la suite: "On a envie de manger, de boire, d'écrire, de faire l'amour"? C'était en 1921 et pourtant, aujourd'hui encore, à l'aube du nouveau millénaire, les impressions de ce jeune américain à Paris sans un sou sont partagées par nombre de ceux qui choisissent d'y venir.

Mais quel Paris? Combien y a-t-il de Paris?
Il y a le Paris touristique, celui des grands monuments historiques, le Paris inconnu et caché, le Paris des petits musées et des coins secrets. Il y a le Paris du shopping et de la mode, et le Paris capitale de la gastronomie. Il y a le Paris des quais et le Paris des grands parcs.

Ou bien n'y aurait-il qu'un seul Paris? Une aux mille visages, aux mille facettes, aux mille aspects. Une ville qui malgré les siècles reste fidèle à elle-même et se renouvelle sans cesse. "Paris change" avait écrit Charles Baudelaire, "il change plus vite que notre cœur". Son évolution ressemble plus à une révolution qu'à une mutation graduelle.

Paris é été chanté, filmé, dansé, peint, écrit.

Susurré dans la voix douloureuse d'Édith Piaf et dans le chant rauque de Charles Aznavour; évoqué dans les ondoiements félins de la Vénus noire, Joséphine Baker; regretté dans les notes tristes d'Yves Montand et de Gilbert Bécaud; décrit dans les pas de danse de Mistinguette et de Maurice Chevalier. Oui, "Paris sera toujours Paris".
Paris "bleu et nonchalant", Paris "marlou et canaille". Paris acclamé et maudit, enfer et amant.
Sujet préféré de générations entières de peintres qui ont couché sur leurs toiles son visage et ses couleurs; vedette du grand écran avec des histoires teintées tantôt de rose, tantôt de noir; asile pour les exilés politiques; refuge des savants cherchant la gloire, des poètes persécutés et des artistes maudits. Retraite dorée et paradis mondain pour visiteurs en quête de rencontres;
et puis havre pour ceux qui cherchent le silence et l'oubli.
Paris "maison d'adoption de tout être humain" selon le mot de Jefferson futur président du pays qui, comme devait le faire la France quelques années plus tard, avait appris à lutter pour la liberté.
Sur cette ville ont été écrits des mots par millions: par ceux qui l'on vue et ceux qui l'on rêvée, par ceux qui l'ont visitée et par ceux qui n'ont pu que l'imaginer. Sur chacun, Paris a laissé son empreinte faite de culture, d'amour, de richesse, de joie de vivre.

"Je t'aime, ô capitale infâme!"
(Charles Baudelaire)

DYNASTIES DES ROIS DE FRANCE

MÉROVINGIENS

de Clovis
(481-511) à
Childéric III
(743-751)

CAROLINGIENS

de Pépin le Bref
(751-768) à
Louis V (986-
987)

CAPÉTIENS

de Hugues
Capet (987-
996) à Charles
IV (1322-
1328)

VALOIS

de Philippe VI
(1328-1350) à
Henri III
(1574-1589)

BOURBONS

de Henri IV (1589-
1610) à Louis-
Philippe (1830-1848)

QUELQUES MOTS D'HISTOIRE

Allégorie de la ville de Paris sur la façade de l'Hôtel de Ville.

*P*aris fut probablement fondé par des Gaulois qui créèrent un petite centre urbain sur la rive gauche de la Seine. Sous le nom de Lutetia, la ville est citée par Jules César, qui y parvint en 53 av. J.-C.
Sous la menace continuelle des invasions barbares, ce petit noyau se transporta dans l'Île de la Cité, et de là commença une continuelle expansion sur les rives du fleuve. D'abord résidence des rois mérovingiens puis des rois carolingiens, Paris devint vraiment la capitale en 987, quand Hugues Capet fonda une nouvelle et très puissante dynastie. Paris vécut un de ses moments les plus splendides entre 1180 et 1223, avec l'avènement au trône de Philippe II Auguste on commença la construction du Louvre, et on fonda l'Université. Sous le règne de Louis IX, dit Saint Louis (1226-1270), on construisit la Sainte-Chapelle et on continua les travaux de Notre-Dame. Par contre, la dynastie suivante, celle des Valois, amena à Paris luttes et guerres, désordres et guerre civile. Même si Charles V rétablit

momentanément l'ordre, la lutte continua, toujours plus féroce, entre les Armagnacs et les Bourguignons, lutte à laquelle fit suite l'occupation anglaise, avec Henry IV d'Angleterre couronné roi de France en 1430.

En 1437, Charles VII reprit Paris, mais la population était exténuée par les sanglantes révoltes qui alternaient avec les épidémies de peste. Même si durant tout le XVIe siècle les rois préférèrent les châteaux de la Loire à la capitale, les discordes qui divisaient Paris ne cessèrent pas pour autant. L'extension du mouvement protestant était à l'origine

des guerres de religion qui, pendant longtemps, déchirèrent Paris et la France entière, pour arriver à leur comble avec le massacre des Huguenots durant la fameuse nuit de la Saint-Barthélemy (24 août 1572). Après l'assassinat d'Henri III (1589), la ville subit un siège de quatre longues années, jusqu'au moment où elle ouvrit ses portes à Henri IV qui s'était converti au catholicisme.

Au début du XVIIe siècle, toutefois, au moins trois cent mille personnes habitaient déjà Paris. La ville prit une importance toujours plus grande au temps du puissant cardinal de Richelieu, et durant la nouvelle dynastie des Bourbons.

Au temps de Louis XIV, le Roi-Soleil, la ville comptait cinq cent mille habitants. C'est à partir de 1789, toutefois, que Paris conquit sa place dans l'Histoire, après le début de cette Révolution qui allait marquer la naissance du monde moderne. On peut dire que de longues années de terreur, de pertes en vies humaines, de dommages irréparables causés aux œuvres d'art, furent oubliées avec les nouvelles années de splendeur de l'Empire et le faste de la cour dont Napoléon (couronné Empereur en 1804) s'entoura. De 1804 à 1814, Paris ne cessa de s'embellir: on éleva l'Arc de Triomphe, la Colonne Vendôme, on agrandit le Louvre. Après la chute des autres monarchies, celle de Charles X et celle de Louis-Philippe de

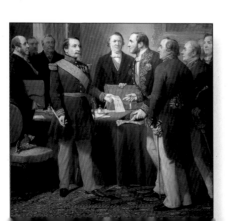

Jeanne d'Arc rencontre Charles VII à Loches.

Paris et la Seine au XVIIe siècle.

Portrait de Louis XIV.

Napoléon III et le baron Haussmann.

5

Bourbon-Orléans, naquit la IIe République, puis Napoléon III monta sur le trône; il confia au baron Haussmann le projet de restructuration urbaine de la ville: on construisit les marchés des Halles, on aménagea le bois de Vincennes et le bois de Boulogne, on édifia l'Opéra, on modifia les grands boulevards, expression typique de ce moment historique particulier.

En 1871, une autre triste page de l'histoire de Paris: la Commune (18 mars-28 mai). De nombreux édifices pleins d'histoire et de beauté furent détruits en ces jours de révolte et d'incendies, entre autres l'Hôtel de Ville et le Palais des Tuileries. Avec le nouveau siècle, Paris connut de nouveaux moments de splendeur: les Expositions Universelles et Internationales, la construction du Grand et du Petit Palais, la naissance d'importants mouvements artistiques, picturaux et littéraires. Malheureusement, deux autres longues guerres passèrent sur la ville qui subit bombardements et destructions: tombée aux mains de l'armée allemande en 1940, elle fut libérée par les Alliés et les combattants de la Résistance en 1944. Depuis ce moment, ville enfin vivante et libre, Paris garde sa place dans l'histoire de la culture et de l'humanité.

PARIS ET LA RÉVOLUTION

C'est à Paris que s'est déroulée, dans sa quasi totalité, la Révolution Française; c'est ici qu'ont eu lieu les principaux événements de cette grande période historique.

Tout commença dans les Jardins du Palais-Royal, le 12 juillet 1789, quand Camille Desmoulins par un discours enflammé, souleva le peuple opprimé, épuisé par une crise économique insoutenable et de plus en plus critique envers la Couronne dont il désapprouvait le gouvernement.

C'est aux arbres du Palais-Royal que les premiers révolutionnaires arrachèrent les feuilles vertes, symbole d'espoir, dont ils firent des cocardes. Deux jours plus tard, la Bastille - symbole du pouvoir monarchique absolu - était prise et détruite.

Après l'humiliante visite du roi à Paris, le 17 juillet, la situation passa aux mains des jacobins et des cordeliers, habiles organisa-

Camille Desmoulins haranguant le peuple au Palais-Royal le 12 juillet 1789.

teurs de l'expédition des 5 et 6 octobre, qui ramena la famille royale de Versailles aux Tuileries. Aux côtés de Louis XVI prit pouvoir l'Assemblée qui, le 2 novembre, nationalisa les biens du clergé.

Le roi vécut 34 mois aux Tuileries, un séjour interrompu par la honteuse fuite à Varennes en juin 1791. Puis, la détermination des révolutionnaires - qu'alimentèrent les hésitations d'un roi faible et le double jeu d'une reine intrigante - porta au transfert des souverains dans la tour du Temple où ils restèrent enfermés jusqu'au 13 août 1792; c'est-à-dire, jusqu'au jour de leur exécution sur l'échafaud, place de la Concorde.

Hélas, aussi bien les Tuileries que le Temple, les deux dernières résidences d'un roi incapable de réagir

La prise de la Bastille.

face aux événements, furent dévastées et détruites. Par contre, il reste encore beaucoup de la Conciergerie, l'antichambre de

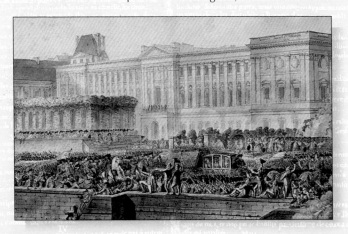

Le roi arrive à l'Hôtel de Ville le 17 juillet 1789.

l'échafaud, où les condamnés attendaient de monter sur la charrette qui les portait à la guillotine.

But ultime de ce parcours historique constellé d'événements dramatiques, l'actuelle place de la Concorde s'appelait autrefois place de la Révolution. C'est ici que périrent de nombreux personnages qui ont fait l'histoire de Paris et de la France: de Louis XVI à Marie-Antoinette, de Charlotte Corday à Lavoisier, de Danton et Robespierre à Madame Roland qui, se tournant vers la statue de la Liberté dressée à la place de la statue de Louis XV, lança cette phrase célèbre: "O Liberté, que de crimes on commet en ton nom!"

Mille cent victimes moururent sur l'échafaud en treize mois. Au total, la Révolution fit soixante mille morts.

265 — PARIS — Les Halles le matin

Bistrots et brasseries

L e bistrot parisien vit le jour au XIXe siècle lors de cet événement extraordinairement important que furent les grands travaux de l'architecte Haussmann et s'affirma définitivement avec l'Exposition Universelle qui célébra le XXe siècle et dont le symbole absolu fut et reste la "dame de fer", l'incroyable Tour Eiffel. Quand la capitale se renouvelle, c'est-à-dire quand le baron Haussmann, en sa qualité de préfet de la Seine, programme et dirige les projets d'embellissement et d'assainissement d'une grande partie de la capitale dont il changea littéralement le visage, entre 1853 et 1870, elle devient un exemple pour toutes les métropoles du monde. C'est dans ces années-là qu'apparaissent et prennent leur essor deux nouveautés: le restaurant, inspiré de la tradition londonienne, et le bistrot, plus petit, populaire, disponible, animé, utile. Dans le premier on sert la bourgeoisie et l'aristocratie françaises; dans le second, les ouvriers, les étudiants, les gens qui n'ont pas de quoi se payer de grands repas. Théoriquement, ces deux lieux de rencontre auraient pu s'annuler l'un l'autre, mais à

Paris ils ont su survivre tant l'un que l'autre, quoi qu'ils aient perdu leur fonction première pour la simple raison que le temps a implacablement joué son rôle. À cette époque-là - et jusqu'à il y a peu encore (les derniers bistrots authentiques ont disparu à la démolition de l'ancien marché des Halles), le menu du jour dépendait directement des arrivages des marchés régionaux: avec chaque jour une spécialité, un plat meilleur que les autres. Cela était dû au fait que, dès le départ, les restaurants populaires avaient été ouverts par des marchands de vin ou de charbon venus de la province, en particulier du Massif Central, pour y vendre leur marchandise et ouvrir cafés, débits de boisson, bistrots et les fameux bougnats où l'on vendait vins et combustibles et où l'on servait, bien chauds, des plats tout simples. C'est ainsi qu'au long de ce siècle complexe et fascinant furent créés une myriade de petits établissements semblables aux noms différents: troquets, bistroquets, bouchons, bouillons, crémeries, brasseries et autres estaminets de quartier.

Que reste-t-il de cette extraordinaire tradition? À Paris, beaucoup, quoi que l'authenticité ne soit plus ce qu'elle était. Faut-il comprendre que dans les bistrots et les brasseries de la capitale ou de Lyon on ne mélange plus aussi bien qu'avant? Au contraire. Aujourd'hui certains cuisiniers réputés n'hésitent d'ailleurs pas à donner le nom de "bistrot " à leur restaurant: un snobisme qui se paye avec l'addition hélas. Disons-le, il existe encore de nos jours des petits restaurants extraordinaires, comme "Lipp", repris et tenus par des gens compétents et passionnés qui croient en ce qu'ils font et qui, normalement, le font très bien. Et le "Lipp" justement, à Saint-Germain, nous rappelle qu'il fut créé par un porteur d'eau dans les années de la grande transformation de Paris; un de ces innombrables provinciaux qui "montaient à Paris" avec leur vin, leur combustible, leur bois ou leur eau fraîche.

Et puis, il y a Guy Savoy, un chef formé à l'école de Troisgros, qui possède un superbe restaurant rue Troyon ainsi que six bistrots: assez pour qu'il écrive un livre sur les recettes qu'il sert dans ses bistrots.

Qu'y a-t-il au menu de ces fameux petits restaurants? Eh bien, lentilles, langue et tête de veau en gribiche, fricassée de bolets, magret de canard au poivre (fabuleux), terrine de pied de porc, saucisse de Morteau, saucisson en brioche, queue de bœuf, poissons de mer et d'eau douce (sublimes), blanquette de veau, ris de veau, rognons de porc, cassoulet, tripes… et des desserts superbes comme le pain perdu ou la tarte Tatin.

Voulez-vous savoir quels sont les bistrots les plus connus et les plus appréciés des Parisiens (malgré bien sûr quelques concessions à la clientèle touristique)? Difficile de choisir; citons, par exemple, Chez Georges, 1, rue du Mail; Le Bourguignon du Marais, 52 rue François Miron; Chez Catherine, 65 rue de Provence; Au Petit Boileau, 98 rue Boileau, Le Barantin 3 rue Jouye-Rouvé; Chez Michel, 10 rue Belzunce; les Caves Petrissans, 30 avenue Niel, parmi des dizaines et des dizaines d'autres, disséminés dans tous les quartiers de Paris. Sachez qu'un des plus grands plaisirs est de les découvrir soi-même, en sachant que les déceptions sont vraiment rares.

(Piero Paoli)

Quand Gastronomie rime avec Art et Histoire

S'il existe une ville au monde où le goût de la table épouse celui des yeux, où la gastronomie et l'histoire vont de pair, où l'on ne va pas au restaurant que pour manger mais pour découvrir des lieux de mémoire; c'est bien Paris.

Parmi les milliers de restaurants de la capitale, combien ont leur propre histoire à raconter? Histoire attachée à un événement, à un personnage, à une célébrité, à une tradition culinaire, à un type d'architecture ou de décor. Et nous, combien de fois avons-nous choisi tel ou tel restaurant parce que nous savions qu'un peintre ou un poète célèbre s'y était assis ou parce que nous voulions dîner dans une atmosphère accueillante, chaude et feutrée?
À Paris, la découverte gastronomique se transforme souvent en un itinéraire historique et artistique.

Le Procope, rue de l'Ancienne-Comédie, est de ces lieux au passé légendaire. Fondé en 1686 par l'italien Francesco Procopio dei Coltelli (naturalisé français sous le nom de François Procope Couteaux), il eut pour habitués Diderot et Rousseau. Sans parler de Voltaire, le plus assidu, qui y situa même comédie *Le café* ou *L'Écossaise*. Quand la Révolution éclata, Le Procope se transforma en rendez-vous pour Danton et Marat, Robespierre et Desmoulins. Plus tard, on y verra Bonaparte, Hugo, Balzac, Verlaine, Wilde, Huysmans.

Plongé dans l'atmosphère tranquille du Palais-Royal, l'ancien Café de Chartres plus connu sous le nom de **Grand Véfour**, a lui aussi ses tables "historiques". Une plaque discrète en bronze doré rappelle qu'à telle place se sont assis Barras, Colette, Malraux ou Cocteau (qui dessina le menu du restaurant). Le cadre est à la fois luxueux et raffiné. Au plafond, les miroirs multiplient à l'infini le décor sous verre aux allégories mythologiques.

Les allégories sont également à l'honneur dans les peintures de **La Fermette Marbeuf 1900**, rue Marbeuf. Ancien jardin d'hiver décoré par Jules Wielhorski, sa grande salle est un bijou du plus pur style Art Nouveau où se déploie un décor de céramique réunissant figures féminines, inspirées du *Printemps* de Botticelli, paons, flamants blancs, glaïeuls, iris et tournesols.

La féminité triomphe encore dans les poses langoureuses des nymphes peintes sur les panneaux d'acajou du restaurant **Maxim's**, au 3 de la rue Royale. Ici, le décor Art Nouveau s'épanouit dans les feuillages de bronze, les cuivres, les peintures murales marouflées, les boiseries d'acajou qu'animent les "nouilles", les vitraux, la grande verrière et les miroirs où se reflètent le cuir rouge des banquettes et des chaises.

Classé à l'Inventaire des Monuments Historiques en 1972 (grâce, entre autres, au soutien de René Clair), le restaurant **Le Train Bleu**, au premier étage de la gare de Lyon, fut construit par la compagnie ferroviaire PLM pour l'Exposition universel-

le de 1900. La fin du siècle ne pouvait trouver cadre plus digne et monumental que le décor pompeux et triomphal de ce gigantesque "buffet" (près de cinquante mètres de long sur onze de haut), dans l'explosion des stucs dorés et des peintures allégoriques, dans la profusion des statues et des bustes, dans la richesse et la variété des motifs: mufles de lion et cariatides, sirènes et dauphins, figures mythologiques et feuillages.

En 1990 Jean-Luc Besson tourna dans cette salle une des scènes les plus célèbres de son film "Nikita".

Avec son décor théâtral, **La Coupole** est toujours fascinante quoi qu'elle ait perdu son air bohème de l'entre-deux-guerres quand sa clientèle réunissait intellectuels et artistes (Ezra Pound, Hemingway, Soutine, Léger, Cendrars, Miller, etc.).

Le restaurant doit en fait l'originalité de sa décoration à des problèmes techniques. Quand les architectes Le Boucq et Barillet le construisirent, ils durent composer avec un sous-sol truffé de galeries et prévoir des renforts. Dans la grande salle ils optèrent ainsi pour des piliers carrés dont la base fut revêtue de lap (une sorte d'émail lapidaire). Les propriétaires, Ernest Fraux et René Lafon, confièrent la décoration de la partie supérieure des piliers à trente-deux artistes pour créer une sorte de galerie des tendances de la peinture d'alors. Ces peintres plus ou moins célèbres à l'époque devaient donner sa célébrité à ce restaurant de Montparnasse. La Coupole fut inaugurée le soir du 20 décembre 1927 sous des flots de champagne: on déboucha pour l'occasion 1.200 bouteilles de Mumm!

Et puis, il y a le célèbre restaurant **La Tour d'Argent**. Ici, le décor sobre et discret est conçu pour mettre en valeur les immenses verrières qui donnent sur la Seine et le chevet de Notre-Dame. Le spectacle est sublime, surtout la nuit. L'histoire de ce restaurant est curieuse. Son nom date de l'époque où Paris s'arrêtait ici et que, dans l'enceinte de Philippe Auguste, se dressait une tour incrustée de mica qui brillait sous les rayons du soleil comme de l'argent. Taverne réputée dès 1582 (Henri III y aurait découvert l'usage de la fourchette), La Tour d'Argent devint célèbre en 1887 quand son propriétaire, Frédéric Delair, eut l'idée de numéroter chaque "canard à la presse" servi dans son restaurant. Cette spécialité de la maison est préparée devant le client: les cuisses sont servies grillées, les aiguillettes sont cuites au vin sur un réchaud de table et - coup de génie - le sang de la carcasse (pressée dans une presse à vis) est versé sur les aiguillettes qui achèvent de cuire dans leur sauce. Le succès est immense. Parmi les "matricules" célèbres figurent ceux du prince de Galles, futur Édouard VII (qui un jour de l'an 1890 dégusta le canard n°328), du grand-duc Vladimir (n°6043); du président Roosevelt, en 1929 (n°112151), de la princesse Élisabeth (n°185397) et de Charlie Chaplin (n°253652).

Un de ces palmipèdes eut cependant la vie sauve: le 17 mars 1976, "Frédéric" le canard n°500.000 est lâché du toit du restaurant. À sa patte: un carton d'invitation pour un dîner de deux personnes à La Tour d'Argent!

Un guide des monuments et des lieux artistiques de Paris ne pouvait se passer d'une page sur la cuisine. Du patrimoine infiniment riche et varié de la gastronomie française, nous avons retenu quatre recettes qui sont si connues qu'elles sont devenues des "classiques".

Poule-au-pot - Un plat unique qui se respecte et après lequel on sert fromage et dessert. Elle serait due à Henri IV, gendre de Catherine de Médicis et mari de Marguerite de Valois (la reine Margot), qui un jour aurait déclaré: "Je ferai qu'il n'y aura point de laboureur en mon royaume qui n'ait le moyen d'avoir le dimanche une poule dans son pot".

Tarte Tatin - Le plus célèbre, peut-être, des gâteaux français naquit en fait d'une erreur. Alors qu'elle s'affairait dans la cuisine de son petit hôtel-restaurant, Fanny Tatin se trompa et fit cuire une tarte aux pommes à l'envers; mais

le résultat fut si fameux que la nouvelle fit rapidement le tour de Paris. Le pâtissier de chez Maxim's l'adopta et quand il la mit sur le prestigieux menu, le succès fut total.

Bouillabaisse - La "soupe d'or", comme l'appelait Frédéric Mistral le grand poète occitan qui reçut le Prix Nobel de littérature en 1904, porte un nom qui vient du provençal "bouiabaisso" (une contraction des verbes bouillir et abaisser). La légende raconte que saint

Pierre frappa un jour sous les traits d'un mendiant à la porte d'une pauvre veuve qui n'eut rien à lui offrir que quelques poissons ramenés par son fils et un verre de vin. L'apôtre lui enseigna alors une façon de les accommoder qui fut à l'origine de cette soupe de poisson qui, aujourd'hui, reste l'une des meilleures au monde.

*H*omard à l'américaine - Ce grand plat de la table française de luxe fut inventé à Paris au XIXe siècle. Il serait le fait d'un cuisinier d'origine française de retour des États-Unis dont la recette eut tant de succès qu'elle figure encore aujourd'hui en bonne place au menu des grands restaurants classiques.

Le charme des marchés aux puces

*Q*u'il y a-t-il de plus agréable que de faire des emplettes à Paris? Les magasins de la capitale offrent vraiment de tout. Des petites boutiques aux grandes maisons du faubourg Saint-Honoré, de l'avenue Montaigne, des Champs-Élysées, de la place Vendôme: beauté des objets, luxe du cadre, embarras du choix... Mais si c'est un objet introuvable que l'on veut, alors Paris est un paradis avec ses Marchés aux Puces.

Peut-être n'y ferons nous jamais l'affaire de notre vie et sans doute n'y découvrirons nous jamais un Van Gogh caché sous une croûte, ni une authentique commode Louis XIV pour quelques milliers de francs. Qu'importe. Ce qui est sûr, c'est que c'est un plaisir que de se faufiler dans le dédale des boutiques et des échoppes, de

regarder, de fouiller, de marchander.
Il existe plusieurs marchés aux
puces à Paris mais le plus connu
des touristes est celui de Saint-
Ouen, porte de Clignancourt.
Il s'agit en fait d'un regroupe-
ment de plusieurs petits marchés, couverts et à ciel ouvert, ayant chacun leur spécialité: Biron, Vernaison,
Serpette, Paul Bert, Rosier,
Jules Vallès. Mais on peut
aussi faire de bonnes affaires
aux Puces de Montreuil, que les
Parisiens appellent le "marché
des voleurs", et surtout aux Puces
de Vanves, dans le 14e arrondissement.
L'important est de s'y rendre le samedi matin
tôt, très tôt, quand les brocanteurs prépa-
rent leurs étalages: c'est le meilleur moment pour négocier.
Les occasions ne manquent pas et
quoi que l'on achète on a la certitude
d'emmener avec soi un peu de cette
histoire qui, on le sait, s'attache à
tout objet, fût-il minuscule.

ITINÉRAIRES DE VISITE

15

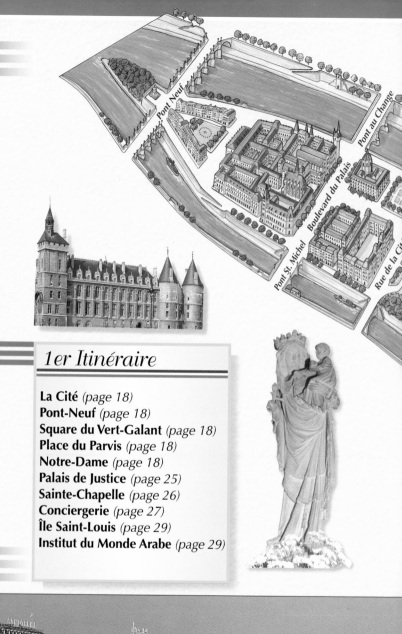

1er Itinéraire

1er Itinéraire

Notre-Đame
et l'Île de la Cité

LA CITÉ - C'est ici, sur la plus grande des îles de la Seine, que naquit la Cité, centre de la vie publique dès le IIIe siècle. Elle fut le premier noyau civil et religieux: on y construisit la Cathédrale et le Palais de Justice. De nombreux ponts la relient aux rives de la Seine, le long desquelles courent les caractéristiques «quais». L'un des plus animés et des plus gais est le **quai de Montebello** qui, du pont de l'Archevêché mène au pont au Double: haut en couleur, c'est le long de ses parapets que s'alignent les caractéristiques "boîtes" des bouquinistes, marchands de livres rares ou curieux et d'estampes anciennes et modernes.

La statue d'Henri IV.

PONT-NEUF ET SQUARE DU VERT-GALANT - En continuant par le quai Saint-Michel et le quai des Grands-Augustins nous arrivons à ce pont, qui est le plus vieux de Paris, et dont le projet est dû à Du Cerceau et à Des Illes: commencé sous Henri III en 1578 et terminé sous Henri IV en 1606, il a deux élégantes arches en plein cintre; au milieu se trouve la **statue équestre d'Henri IV.** On y accède par un escalier situé derrière la statue du roi. C'est la pointe la plus avancée de la Cité, un des lieux les plus évocateurs de la ville.

PLACE DU PARVIS - En revenant en arrière, on parcourt le célèbre quai des Orfèvres où, au n° 36 on trouve le siège de la Police Judiciaire; puis on rejoint la place du Parvis, qui marque de façon imaginaire le kilomètre 0 des routes françaises: au centre de la place, en effet, en face de l'église, une plaque de bronze indique le point de départ de toutes les routes nationales. Au nord de la place s'élève le grandiose **Hôtel-Dieu,** hôpital fondé au VIIe siècle, mais reconstruit de 1868 à 1878; sur le côté ouest se trouve l'édifice de la **Préfecture de Police.** Majestueuse, Notre-Dame, cathédrale de Paris, domine la place.

NOTRE-DAME

La cathédrale de Notre-Dame s'élève sur l'emplacement d'une basilique chrétienne qui occupait déjà celui d'un temple d'époque romaine préexistant. Sur le désir de l'évêque Maurice de Sully on commença la construction en 1163: on construisit en premier le chœur, puis au cours des années suivantes vinrent les nefs et la façade, terminée par l'évêque Eudes de Sully vers 1200, avec ses tours achevées en 1245. Au maître d'œuvre Jean de Chelles succéda Pierre de Montreuil qui édifia, entre autres, les chapelles. Vers 1250 était également terminée la façade du bras nord du transept: celle du bras sud ne sera commencée que huit ans plus tard. On pouvait considérer l'église comme terminée en 1345. En 1793 elle faillit être abattue, puis durant la Révolution, elle se vit dédiée à la Déesse de la Raison. Reconsacrée en 1802, c'est sous ses voûtes que se déroula le sacre de Napoléon par le pape Pie VII. Restaurée par Viollet-le-Duc entre 1844 et 1864, elle faillit être détruite par un incendie en 1871.

FAÇADE - Répartie verticalement en trois
parties par des piliers, et horizontalement en
trois plans par deux galeries; le rez-de-
chaussée est percé de trois portails. Au-
dessus court la **Galerie des Rois,** avec 28
statues représentant les rois d'Israël et de
Juda. En 1793, le peuple croyant y voir ses
rois détestés, les abattit: elles furent remises à
leur place par la suite. La zone médiane est
percée de deux majestueuses fenêtres géminées, qui encadrent une grande rosace d'environ 10 m de diamètre (1220-
1225). Au centre, la *statue de la Vierge avec l'Enfant et des
anges,* sur les côtés *Adam et Ève.* Au-dessus, une galerie
d'étroites arcatures entrecroisées qui relient les tours latérales,
non terminées, à très hautes fenêtres géminées. Viollet-le-Duc a
peuplé cette zone supérieure de monstres, de figures grotesques
aux formes étranges, qui surgissent sur un pinacle, sur une
flèche, sur une avancée du mur.

La façade de Notre-Dame.

*Détail d'une des célèbres
gargouilles de Notre-Dame.*

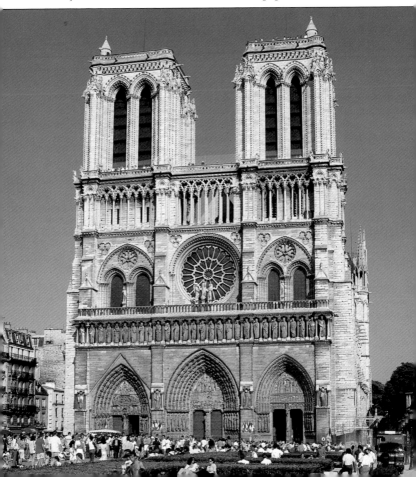

Portail central, dit "portail du Jugement". C'est la représentation du Jugement Dernier: sur le pilier qui le divise en deux se trouve la *statue du Christ,* tandis que dans les ébrasures se trouvent de petits panneaux avec les *personnifications des Vices et des Vertus* et des *statues des apôtres.* Dans la courbe de l'arc, la *cour céleste,* le *Paradis* et l'*Enfer.* Le tympan avec le *Jugement Dernier* est divisé en trois parties, dominées par le Christ avec, à ses côtés, la Vierge, saint Jean et les anges portant les symboles de la Passion. Au-dessous, les élus d'un côté et les damnés de l'autre. Dans la zone inférieure, la *Résurrection.*

Portail de droite, dit "portail de Sainte Anne". Il remonte à 1160-1170 et possède des reliefs des XIIe et XIIIe siècles. Au pilier de séparation, une *statue de Saint Marcel.* Au tympan, la *Vierge entre deux anges* et sur les côtés l'*évêque Maurice de Sully* et le *roi Louis XII.*

Portail de gauche, dit "portail de la Vierge". C'est le plus beau des trois. Au pilier de séparation, la *Vierge avec l'Enfant,* d'époque moderne. Au tympan au-dessus, la *mort, le couronnement et l'assomption de la Vierge.* Aux piédroits du portail, la représentation des *Mois de l'année,* dans les ébrasures, figures de saints et d'anges.

FAÇADE LATÉRALE SUD - Remarquer, de ce côté de l'église, le *portail de Saint Étienne* commencé par Jean de Chelles en 1258 et terminé par Pierre de Montreuil, avec

La riche décoration gothique des portails de la façade de Notre-Dame: en haut, la grande rosace devant laquelle la Galerie des Rois réunit les 28 statues des rois d'Israël et de Juda.

une magnifique rosace et une autre plus petite dans le gâble. La **flèche,** qui s'élance au centre de la cathédrale, a 90 m de haut: elle a été refaite par Viollet-le-Duc, qui se représenta au milieu des Apôtres et des Évangélistes qui la décorent.

INTÉRIEUR - Les proportions sont imposantes: 130 m de long, 50 de large et 35 de hauteur, pouvant contenir au moins 9.000 personnes. Des piliers cylindriques de 5 m de diamètre divisent l'intérieur en une nef principale et un double déambulatoire qui entoure le transept et le chœur. La **grande rosace** de la façade, au-dessus d'un orgue du XVIIIe siècle, représente les signes du zodiaque, les travaux des mois, les vices et

Deux détails des innombrables statues et reliefs qui ornent la cathédrale.

les vertus. Au-dessus des collatéraux, une tribune à arcades géminées est surmontée de grandes fenêtres. Les **chapelles** qui se succèdent jusqu'au bras transversal du transept sont remplies d'œuvres d'art du XVIIe et du XVIIIe siècles: deux peintures remarquables de Le Brun, le *Martyre de Saint Étienne* et le

Vue nocturne de Notre-Dame.

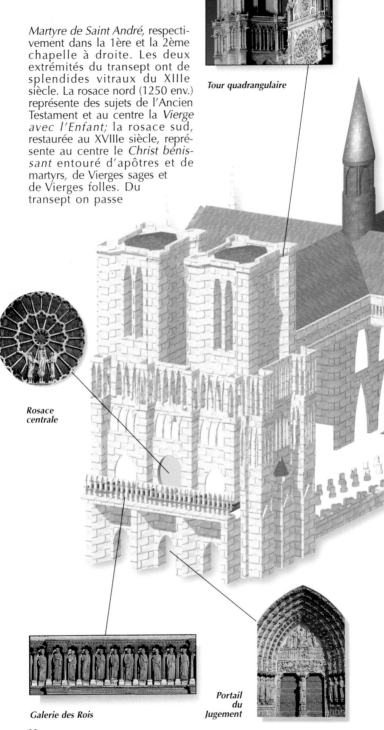

Martyre de Saint André, respectivement dans la 1ère et la 2ème chapelle à droite. Les deux extrémités du transept ont de splendides vitraux du XIIIe siècle. La rosace nord (1250 env.) représente des sujets de l'Ancien Testament et au centre la *Vierge avec l'Enfant;* la rosace sud, restaurée au XVIIIe siècle, représente au centre le *Christ bénissant* entouré d'apôtres et de martyrs, de Vierges sages et de Vierges folles. Du transept on passe

Tour quadrangulaire

Rosace centrale

Galerie des Rois

Portail du Jugement

dans le **chœur**: au pilier de droite de l'entrée est adossée la célèbre *statue de Notre-Dame de Paris,* œuvre du XIVe siècle provenant de la chapelle de Saint-Aignan. Le **sanctuaire** est entouré de magnifiques boiseries (stalles) du XVIIIe; sur le maître-autel, statue de la *Pietà* de Nicolas Coustou au centre, et sur les côtés celles de *Louis XIII* par Guillaume Coustou et de *Louis* XIV par Coysevox. Une clôture de marbre demeurée inachevée,

Chevet

ornée de reliefs (œuvre de Jean Ravy et de Jean Le Bouteiller) sépare le chœur du déambulatoire, dont les chapelles rayonnantes possèdent de nombreux tombeaux. À droite, entre la Chapelle de Saint Denis et celle de Sainte Madeleine, se trouve l'entrée du Trésor: parmi les pièces d'orfèvrerie et les reliques précieuses, se trouvent aussi un fragment de la Vraie Croix, la Couronne d'Épines et le Clou Sacré.

Rosace sud

Statue de Notre-Dame de Paris

Le côté droit et le chevet de la cathédrale.

ABSIDE - C'est une des plus audacieuses du Moyen Âge, avec ses arcs rampants qui atteignent un rayon de 15 m, œuvre de Jean Ravy (XIVe siècle).

De l'abside de Notre-Dame on arrive au **square Jean XXIII,** dont l'aspect actuel et la fontaine néo-gothique sont dus à un réaménagement de 1844. Parcourons maintenant le **quai aux Fleurs** et le **quai de la Corse:** ici se tient chaque jour un pittoresque et caractéristique marché aux fleurs, que remplace le dimanche un non moins caractéristique marché aux oiseaux aux mille couleurs. Dépassant le **pont Notre-Dame,** nous découvrons le siège du **Tribunal de Commerce,** puis le **pont-au-Change,** dont le nom vient des nombreuses boutiques des changeurs qui, au Moyen Âge, avaient là leur siège principal.

Une cathédrale pour le grand écran

En 1831, Victor Hugo immortalisait la cathédrale de Paris en écrivant un de ses plus grands romans: "Notre-Dame de Paris". La beauté du sujet, sa dimension dramatique et la profondeur humaine de ses personnages attirèrent très tôt le cinéma qui en produira deux versions, en 1923 et en 1939, en s'inspirant du personnage poignant de Quasimodo, "Le bossu de Notre-Dame", être difforme dont la seule source de bonheur est le son des grandes cloches de la cathédrale dont il est le gardien. Deux autres films suivront en 1956 et en 1982. Quant aux dessinateurs de Walt Disney ils donneront naissance, en 1996, à une version animée du roman qui, deux ans plus tard, deviendra un grand musical.

PALAIS DE JUSTICE

C'est un vaste ensemble d'édifices comprenant le **Palais de Justice** proprement dit, la **Sainte-Chapelle** et la **Conciergerie.** En ce même lieu, les gouverneurs romains avaient déjà leur «quartier général administratif et militaire»: les rois de la dynastie mérovingienne en firent autant, puis les Capétiens y érigèrent une chapelle et un donjon. Au XIIIe siècle, le roi Saint Louis y édifia la Sainte-Chapelle et au siècle suivant Philippe le Bel fit construire la Conciergerie. En 1358, après la sanglante révolte des Parisiens guidée par Étienne Marcel, Charles V préféra se transporter au Louvre et laissa le palais au Parlement, qui s'y installa comme Cour suprême de la Justice du royaume. Par la suite, des incendies endommagèrent à plusieurs reprises le palais; en 1618, ce fut la Grande Salle qui brûla, en 1630 la grande flèche de la Sainte-Chapelle, en 1737 la Cour des Comptes, en 1776 la Galerie des Marchands. L'organisation judiciaire, qui jusque là était restée intacte, fut bouleversée par la Révolution. Les nouveaux tribunaux s'installèrent dans l'ancien édifice qui, à dater de là prit le nom de Palais de Justice. D'autres restaurations importantes effectuées sous la direction de Viollet-le-Duc, donnèrent à l'édifice son aspect actuel. La monumentale façade de l'édifice donne sur le boulevard du Palais. À droite, la **Tour de l'Horloge,** qui remonte au XIVe siècle. L'horloge est de 1334, tandis que les reliefs sont de Germain Pilon (1585). Puis vient la façade du Tribunal Civil, dans le style du XIIIe mais construite en 1853. Au milieu de la façade, une très haute grille (1783-1785) donne accès à la **Cour du Mai,** construite en 1786 par Antoine et Desmaisons. De là, par un passage voûté, sur la gauche, on arrive à la Sainte-Chapelle.

La façade du Palais de Justice et, sur la gauche, la Sainte-Chapelle avec sa haute flèche.

L'intérieur de la Chapelle Basse.

SAINTE-CHAPELLE

C'est Saint Louis qui décida de sa construction, afin d'y conserver la Couronne d'Épines qu'il avait achetée en 1239 à Venise, et c'est Pierre de Montreuil qui en fit le projet et imagina deux chapelles superposées, qui furent consacrées en 1248. Au-dessus d'un soubassement élevé (qui correspond à la chapelle inférieure), s'ouvrent de vastes verrières couronnées

de gâbles. Le toit à versants très inclinés possède une balustrade de marbre et une flèche très élancée de 75 m de haut. Deux tours à flèche enserrent la façade précédée d'un porche surmonté d'une grande rosace à meneaux (fin du XVe) avec des sujets de l'Apocalypse.

Chapelle basse. Haute de 7 m à peine, elle est divisée en trois nefs, la nef centrale étant énorme par rapport aux bas-côtés. Un motif d'arcatures trilobées surmontées de colonnettes court le long des parois. Au fond, une **abside** polygonale. La chapelle est caractérisée par une très riche décoration polychrome.

L'intérieur de la Chapelle Haute avec ses célèbres vitraux.

Chapelle haute. On y accède par un escalier intérieur. À une seule nef, elle a 17 m de large et 20 m, 50 de haut. Tout autour de la nef court une haute plinthe interrompue par des arcs de marbre ajourés où par endroits s'ouvrent des niches profondes. Les deux niches de la troisième travée étaient réservées au Roi et à sa famille. Contre chaque pilier est adossée la statue d'un apôtre, du XIVe siècle. Tous les éléments architectoniques de la chapelle sont ainsi réduits au minimum afin de permettre l'insertion des 15 grandes *verrières* hautes de 15 m qui, avec leurs 1134 scènes, couvrent une superficie de 618 mètres carrés. Elles sont du XIIIe siècle et représentent en des couleurs éblouissantes, des scènes tirées de la Bible et de l'Évangile.

CONCIERGERIE

Le sévère édifice remonte à l'époque de Philippe le Bel, c'est-à-dire de la fin du XIIIe au début du XIVe siècle. Le nom de Conciergerie dérive de *concierge,* nom du gouverneur royal sous la direction duquel était placé l'édifice. Celui-ci occupe aujourd'hui l'aile nord du Palais de Justice. Du quai de la Mégisserie on peut admirer dans toute sa splendeur le flanc de l'édifice, avec ses deux tours jumelles: à droite la **Tour d'Argent,** où était conservé le trésor de la Couronne; à gauche la **Tour de César.** À partir du XVIe siècle, la Conciergerie fut prison d'État: durant la révolution, ses cachots abritèrent des milliers de citoyens condamnés à mort: Marie-Antoinette, Madame Élisabeth sœur du roi, Charlotte Corday, le poète André Chénier...

INTÉRIEUR *(L'entrée se trouve au n° 1 du quai de l'Horloge)* - Au rez-de-chaussée se trouve la **Salle des Gardes,** avec de puissants piliers qui soutiennent les voûtes gothiques et l'immense **Salle des Gens d'Armes.** Cette dernière a quatre nefs, 68 m de long, 27 de large et 8 de haut: c'était l'ancienne salle à manger du roi. Dans les cuisines

L'édifice massif de la Conciergerie.

voisines, avec leurs quatre énormes cheminées aux angles, on préparait des repas pour mille invités au moins. Dans une grande pièce aux voûtes en croisée d'ogives, les détenus pouvaient, contre paiement, obtenir une paillasse pour passer la nuit; dans une autre pièce, appelée ironiquement la *rue de Paris* étaient rassemblés les prisonniers pauvres. La cellule la plus évocatrice est sans nul doute celle qui fut occupée du 2 août au 16 octobre 1793 par Marie-Antoinette, et transformée en chapelle en 1816 par la seule fille de Louis XVI ayant survécu, la duchesse d'Angoulême. Le cachot communique actuellement avec celui qu'occupa d'abord Danton, puis Robespierre. De là on passe à la **Chapelle des Girondins,** qui avait été transformée en prison collective: le crucifix de Marie-Antoinette y est conservé. De la Chapelle on accède au **Jardin des Femmes,** destiné aux prisonnières.

L'exécution de Marie-Antoinette

Le 16 octobre 1793, l'accusateur public Fouquier-Tinville lut la sentence par laquelle le Tribunal Révolutionnaire de Paris condamnait "Marie-Antoinette d'Autriche, veuve de Louis Capet" à la peine capitale.

Le dernier jour de celle que l'on appelait "Madame Déficit" avait commencé à quatre heures du matin quand, après avoir écouté la sentence sans montrer aucune émotion, elle était rentrée dans sa cellule pour se préparer à son dernier voyage. Elle portait une combinaison noire, une robe de chambre blanche, un fichu et une coiffe de mousseline, blancs. On lui lia les mains dans le dos.

Si Louis XVI était allé à l'échafaud dans une voiture fermée, sa femme n'eut pas ce privilège. La reine, ou plutôt l'"Autrichienne", fut portée seule, assise dans une charrette crasseuse et exposée à la dérision de la foule qui s'était amassée sur le parcours jusqu'au lieu d'exécution.

À une fenêtre de la rue Saint-Honoré se tenait le peintre Jacques-Louis David qui, de quelques coups de crayons, traça un portrait caricaturé, cruel et inoubliable de Marie-Antoinette: le buste droit, le visage impénétrable et fermé, une expression dédaigneuse, les lèvres serrées. Ce qui avait été une des plus gracieux traits de caractère - la délicieuse moue qui caractérisait les Habsbourg - s'était transformé en une expression de mépris profond et sombre pour tout ce qui l'entourait.

C'est là la dernière image officielle que nous ayons de Marie-Antoinette: celle d'une femme brisée et humiliée qui, digne et hautaine, allait au devant de la mort.

Peu après - à midi un quart - Marie-Antoinette périssait sur l'échafaud.

ÎLE SAINT-LOUIS

En retournant en amont de la Cité et en traversant le moderne pont Saint-Louis, nous arrivons en ce lieu séduisant et plein du charme qu'est l'Île Saint-Louis. Une fois passé le **pont de la Tournelle,** construit en bois la première fois en 1370, reconstruit à plusieurs reprises et surmonté d'une statue de *Sainte Geneviève,* on rejoint l'**église de Saint-Louis-en-l'Île,** commencée en 1664 d'après un projet de Le Vau et terminée seulement en 1726. L'intérieur, à trois nefs, est d'un baroque fastueux, avec une profusion d'or, d'émaux et de marbres polychromes.

Une fois sortis de l'église et passé le pont Sully, nous nous trouvons à la pointe de l'île, occupée par le square Henri IV, minuscule jardin avec le monument du sculpteur Antoine Barye. En continuant par le quai d'Anjou, nous trouvons les plus beaux hôtels de la petite île. Au n° 2

L'entrée de l'Institut du Monde Arabe dont l'extérieur est décoré de motifs évoquant les moucharabieh.

se trouve l'**Hôtel Lambert,** construit en 1640 par Le Vau et décoré par Le Brun et Le Sueur; au n° 17 se trouve l'entrée de l'**Hôtel de Lauzun,** un des plus fastueux exemples de demeure privée du XVIIe siècle. Il fut construit en 1657 d'après un projet de Le Vau: il appartint au duc de Lauzun (dont il garda le nom) pendant trois ans seulement. Théophile Gautier y fonda le «Club des Haschischins» et y habita avec l'autre grand poète Charles Baudelaire. L'Hôtel appartient aujourd'hui à la Ville de Paris, qui y reçoit ses hôtes de marque. Continuons, et nous trouvons au n° 27 la demeure du marquis de Lambert qui donna naissance à un cercle littéraire, puis, par le quai de Bourbon, revenons à la pointe de l'île.

INSTITUT DU MONDE ARABE - Il se trouve rue des Fossés-Saint-Bernard, à l'angle du pont Sully.

Construit en verre, en aluminium et en ciment par Jean Nouvel, Pierre Soria et Gilbert Lezenes en 1987, l'IMA parvient à concilier les besoins modernes et la plus grande tradition arabe, dans la lumière subtilement filtrée par les motifs typiques des moucharabieh.

L'édifice, qui couvre une surface de plus 2.600 mètres carrés, accueille sur ses neufs étages un important centre de documentation sur la culture arabe ainsi qu'un musée, une bibliothèque et d'autres espaces d'exposition. Le côté nord de l'Institut, ouvert sur le Seine, reflète les façades des bâtiments alignés sur l'Île Saint-Louis.

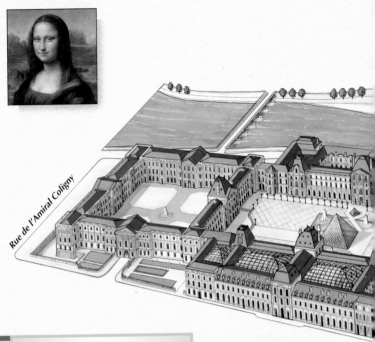

Rue de l'Amiral Coligny

2ème Itinéraire

Le Musée *(page 33)*
Place du Carrousel *(page 51)*
Arc du Carrousel *(page 51)*

Informations pratiques pour la visite

Musée du Louvre (Métro: Ligne 1 - Station Palais Royal/Musée du Louvre).
Horaire: ouvert tous les jours, sauf le mardi, de 9 heures à 18 heures. Jusqu'à 21h45 le mercredi (tout le musée) et le lundi (circuit court).
Accès: entrée principale dans la Pyramide, cour Napoléon. Autres entrées: Porte des Lions, passage Richelieu (groupes) et Carrousel.

Renseignements téléphoniques: 01.40.20.51.51
Minitel: 3615 Louvre
Internet: www.louvre.fr

Pour éviter l'attente devant la Pyramide, on peut acheter son billet à l'avance en téléphonant au numéro 08.03.80.88.03, ou sur Minitel, ou sur l'Internet.

Le Grand Louvre

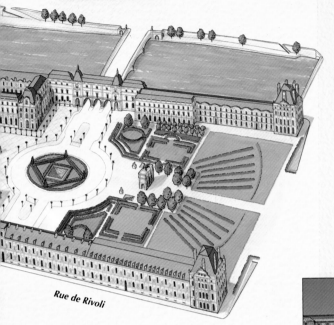

Rue de Rivoli

Le château du Louvre figuré dans le retable du Parlement de Paris
(Anonyme flamand, milieu du XVe siècle).

Maquettes du Louvre (Munier et Polonovski, échelle 1:1000e)
représentant le palais en 1380 et en 1870.

SON HISTOIRE - Son origine remonte à la fin du XIIe siècle, lorsque Philippe-Auguste, partant pour la IIIe croisade, fit construire près du fleuve une forteresse qui devait défendre Paris des incursions des Saxons (le nom de Louvre, en effet, semble dériver du mot saxon «leovar» qui signifie «habitation fortifiée»): ce premier noyau occupait environ un quart de l'actuelle Cour Carrée. Le roi préférait encore habiter dans la Cité, ainsi la forteresse abritait le Trésor et les archives. Au XIVe siècle, Charles V le Sage en fit sa propre demeure et y fit construire la célèbre Librairie. À partir de cette époque, aucun roi n'habita plus le Louvre; jusqu'en 1546, lorsque François Ier chargea Pierre Lescot de faire abattre la vieille forteresse et de construire sur les fondations un nouveau palais plus conforme aux goûts de la Renaissance. Les travaux se poursuivirent sous Henri II et Catherine de Médicis, qui confia à Philibert Delorme la tâche de construire le palais des Tuileries et de le relier au Louvre par un bras se prolongeant vers la Seine. Les modifications et les agrandissements du palais continuèrent sous Henri IV, qui fit construire le Pavillon de Flore, sous Louis XIII et sous Louis XIV, qui complétèrent la Cour Carrée et firent construire la façade est avec la

colonnade. En 1682, avec l'installation de la cour à Versailles, les travaux furent presque abandonnés et le palais se détériora tellement qu'on envisagea même (en 1750) de le démolir. Les travaux, interrompus durant la Révolution, furent repris par Napoléon Ier. Les architectes Percier et Fontaine commencèrent la construction de l'aile nord, terminée en 1852 par Napoléon III, qui se décida finalement à terminer le Louvre. Durant les jours de la Commune, en mai 1871, le palais des Tuileries brûla et le Louvre prit son aspect actuel. Après la dispersion de l'importante Librairie de Charles le Sage, c'est François Ier qui, au XVIe siècle, commença une collection artistique. Elle s'accrut notablement sous Louis XIII et sous Louis XIV, au point qu'à la mort de ce dernier, le Louvre abritait déjà régulièrement des expositions de peinture et de sculpture. Le 10 août 1793, on l'ouvrit au public. La galerie devenait finalement musée. À partir de ce moment, ce fut un accroissement continuel: Napoléon Ier imposait même aux nations vaincues un tribut en œuvres d'art. Les pièces qui figurent aujourd'hui au catalogue sont réparties en 7 départements: des antiquités égyptiennes, grecques, étrusques et romaines aux antiquités orientales; de la sculpture médiévale à la sculpture moderne; des objets d'art (parmi lesquels le Trésor royal) aux immenses collections de peinture et d'arts graphiques.

MUSÉE

L e projet du Grand Louvre a vu le jour en 1981 avec la décision du Président de la République, François Mitterrand, de rendre au palais sa primitive fonction de musée; pour ce faire, il fut nécessaire de transférer à Berry le Ministère des Finances qui auparavant occupait le Pavillon de Flore. En outre, pour augmenter encore la surface d'exposition et lier plus étroitement le Louvre à la ville, l'on créa de nouveaux espaces sous la Cour Napoléon. Entre les nouvelles salles et la surface, le trait d'union est formé par la magnifique pyramide de

Le pavillon Richelieu vu de l'intérieur de la Pyramide.

Vue nocturne des Pyramides de Ieoh Ming Pei.

Art grec: la Vénus de Milo.

verre à la structure d'une grande légèreté, flanquée de deux pyramides plus petites dont la transparence reflète la lumière changeante du ciel parisien.

L'auteur de cet audacieux projet, qui a fait couler beaucoup d'encre à Paris et ailleurs, fut l'architecte américain d'origine chinoise Ieoh Ming Pei, qui avait déjà réalisé la nouvelle aile de la National Gallery de Washington.

La transformation définitive du Louvre de palais en musée a eu lieu le 18 novembre 1993 avec l'inauguration de la nouvelle aile Richelieu, deux cents ans après l'ouverture du Louvre au public.

L'on peut dire que l'aile Richelieu, avec ses 6 collections réparties sur 22.000 mètres carrés, dans 165 salles et sur quatre étages, constitue le nouveau visage du Louvre, et les œuvres d'art y sont admirablement mises en valeur.

Le réaménagement de l'aile Richelieu a également entraîné la

modification de ce qui jusqu'alors était le parking du Ministère des Finances; les deux cours ont été couvertes (d'une splendide verrière à 30 mètres de hauteur) et transformées de manière fort suggestive; l'on y trouve à présent toutes les statues monumentales d'école française créées pour l'extérieur (places, parcs et jardins publics). Ces deux cours, la Cour Puget et la Cour Marly (1800 mètres carrés la première, 2150 la seconde) ont conservé leur ouverture latérale d'origine, de sorte que l'on peut voir l'intérieur des cours depuis le haut lorsque l'on se trouve dans le passage Richelieu.

Dans le cadre de la rénovation totale du musée (transformations dans l'aile Denon et dans l'aile Sully, de 1993 à 2001), il ne faut pas oublier le passage du Carrousel, conçu par les architectes Michel Macary et Gérard Grandval et caractérisé au centre par la pyramide renversée, également due à Pei, qui éclaire cet espace souterrain et crée une sorte de continuité logique avec le hall Napoléon. Dans ces vastes galeries convergeant vers la

Léonard de Vinci: La Joconde.   *Art égyptien: le Scribe accroupi.*

pyramide se trouvent de nombreux magasins (mode, parfumerie, bijoux, disques, livres), outre des banques, des restaurants, un bureau de poste, la Librairie du Musée et le "CyberLouvre".

L'on peut y admirer (dans le Louvre médiéval) les vestiges de l'ancien Louvre de l'époque capétienne, construit par Philippe-Auguste sous forme de forteresse et au centre duquel se trouvait un imposant donjon circulaire de trente mètres de haut, entouré d'un profond fossé. Le tronc de cône qui en constituait le soubassement, de sept mètres de haut et quinze de diamètre, est en excellent état de conservation.

Au terme de toutes ces transformations, le musée du Louvre comprend sept départements: **Antiquités orientales et Art islamique; Antiquités égyptiennes; Antiquités grecques, étrusques et romaines; Objets d'art; Sculptures; Arts graphiques; Peintures.**

Ces départements sont répartis dans trois ailes, auxquelles l'on accède par des escaliers roulants depuis le hall Napoléon, sous la pyramide: l'**aile Richelieu,** le long de la rue de Rivoli; l'**aile Denon,** le long de la Seine, et l'**aile Sully**, autour de la Cour Carrée. Pour

VISITE DES COLLECTIONS

Antiquités orientales et Art islamique: aile Richelieu (entresol et rez-de-chaussée) et aile Sully (rez-de-chaussée).

Antiquités égyptiennes: aile Sully (entresol, rez-de-chaussée et premier étage) et aile Denon (entresol).

Antiquités grecques, étrusques et romaines: aile Denon (rez-de-chaussée) et aile Sully (rez-de-chaussée et premier étage).

Objets d'art: aile Richelieu (premier étage, où se trouvent également les remarquables *appartements de Napoléon III,* datant du Second Empire et ouverts pour la première fois au public); aile Sully (premier étage) et aile Denon (premier étage).

Sculptures: aile Richelieu (entresol et rez-de-chaussée) et aile Denon (entresol et rez-de-chaussée).

Peintures: aile Richelieu (au deuxième étage, pour la peinture française du XIVe au XVIIe siècle et pour la peinture hollandaise, flamande et allemande); aile Sully (au deuxième étage, pour la peinture française du XVIIe au XIXe siècle) et aile Denon (au premier étage, pour les œuvres de grand format de la peinture française du XIXe siècle, la peinture italienne et la peinture espagnole).

Arts graphiques: aile Richelieu (au deuxième étage, pour les écoles nordiques); aile Sully (deuxième étage, école française) et aile Denon (premier étage, école italienne).

Louvre médiéval

visiter les différentes collections, l'on suivra l'itinéraire tracé en plusieurs couleurs sur les plans de la page 37.
À ces espaces s'ajoute l'entresol de l'aile Sully, avec le **Louvre médiéval** et l'Histoire du Louvre.
Grâce à la nouvelle aile Richelieu de grands cycles d'œuvres ont trouvé un espace adéquat, en particulier les 24 toiles consacrées à la vie de Marie de Médicis que la reine de France commissionna en 1622 à Rubens et qui furent inaugurées en 1625; elles étaient à l'origine destinées à la galerie occidentale du palais du Luxembourg et se trouvent à présent dans la **Galerie Médicis,** un vaste espace de 524 mètres carrés surmonté d'une voûte en berceau et éclairé, de même que les autres salles de cette section, par la lumière zénithale qui caresse tous les tableaux sans les frapper violemment.
Un autre groupe d'œuvres qui méritait d'être mis en valeur est celui des 12 **tapisseries représentant les Chasses de Maximilien,**

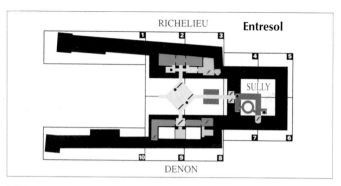

Entresol

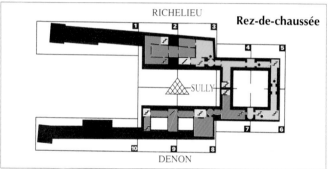

Rez-de-chaussée

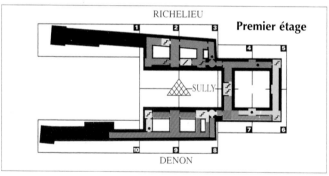

Premier étage

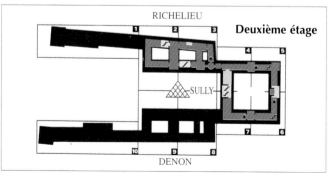

Deuxième étage

tissées à Bruxelles vers 1530 d'après des cartons de Bernard Van Orley. Sans oublier la **cour Khorsabad** (la salle 4 des Antiquités orientales), une splendide et impressionnante évocation du palais du roi Sargon II à Dour-Sharroukên, l'actuelle Khorsabad, près de Mossoul (Iraq).

ANTIQUITÉS ORIENTALES

Le secteur des Antiquités Orientales, créé en 1881, est très riche et regroupe des pièces de la région très étendue qui va du Bosphore au Golfe Persique.

Très importante, la section consacrée aux statues néo-sumériennes qui, en matière de style, est le prolongement de la période akkadienne et qui présente un groupe extraordinaire (environ trente exemplaires) figurant *Goudéa*, "patesi" de Lagash, c'est-à-dire un dignitaire qui recouvrait une charge politique et religieuse. La plupart de ces statuettes a été retrouvée à Tello, au cours de fouilles françaises. Une des plus belles, de par la simplicité de la conception, a été achetée par le Louvre en 1953: elle est en dolérite, mesure 1,05 m de haut et on la date entre 2290 et 2255 av. J.-C. En attitude de prière, les mains jointes, *Goudéa* porte sur la tête le chapeau caractéristique en agneau des Indes et sur les épaules un simple manteau. Des fouilles de Mari vient la petite *statue en albâtre de l'intendant Ebih-Il,* assis les mains jointes sur un tabouret en osier (des sièges semblables sont utilisés aujourd'hui encore en Iraq). La célèbre *stèle d'Hammurabi* (début du IIe millénaire) revêt une importance extraordinaire, non seulement comme œuvre d'art, mais aussi comme document historique. C'est un bloc de basalte noir de 2,25 m de haut. 282 arrêts formant les normes législatives et les coutumes des anciens Sumériens y sont gravés en langue akkadienne; leur influence s'est faite sentir jusque dans les codes de Justinien et de Napoléon. Quant aux témoignages de la puissance assyrienne du IXe au VIIe siècle av. J.-C., ils sont d'une beauté extraordinaire: les décorations des palais de Nimrud, Ninive et Khorsabad, avec les puissants *taureaux ailés* à tête humaine de 4 m de haut. Au fastueux palais de Darios à Suse appartenaient les *archers* de la garde royale, qu'on appelle aussi les Immortels: chacun d'eux, en brique émaillée et peinte, mesure 1,47 m de haut. En effet, la Mésopotamie était pauvre en pierre; on avait donc toujours construit en briques cuites au soleil et ensuite émaillées.

Nous citerons enfin les antiquités venant de la Palestine et de la région syro-phénicienne, jusqu'au plus lointaines ramifications, c'est-à-dire la Tunisie et l'Algérie.

Art perse: les Archers de Darios.

ANTIQUITÉS ÉGYPTIENNES

Universellement connu, ce
département a été fondé par
Jean-François Champollion,
qui fut le premier à déchiffrer les
hiéroglyphes; enrichi continuellement
par des achats et des donations, il offre
la plus vaste documentation possible sur la
civilisation qui se développa le long du Nil, de
sa naissance jusqu'aux périodes ptolémaïque, romaine et
byzantine. Ainsi, l'Ancien Empire est représenté, entre autres,
par la statuette du *Scribe accroupi,* exécutée au temps de la Ve
dynastie, peut-être aux alentours de 2500 av. J.-C. et retrouvée
en 1921 près de Saqqarah. Mesurant 53 cm de haut, elle est en
calcaire peint, les yeux incrustés de pierres dures: quartz blanc
pour la cornée, cristal de roche pour l'iris et ébène pour les
pupilles. Animé par une intense vie intérieure, le scribe semble
interroger du regard, prêt à commencer son travail sur le rouleau
de papyrus appuyé sur ses genoux. Toujours à la Ve dynastie
appartiennent *le mastaba d'Akhtihetep,* dont le Louvre conserve
toute la partie décorée avec des scènes de la vie quotidienne,
ainsi que la célèbre tête d'homme dite *«Tête Salt»,* à l'expression
sévère. Le Moyen Empire (XIIe dynastie) est illustré par le réalisme surprenant de la *statue du chancelier Nakhti,* dont le bois
conserve encore des traces de la couleur originale et par l'har-
monieuse *porteuse d'offrandes,* en bois et stuc. Nous n'omet-
trons pas le puissant naturalisme des œuvres qui appartiennent à
l'époque d'Akhnaton, le pharaon hérétique, comme son extraordinaire *buste en grès,* mis au jour par Henri Chevrier, ou la *tête
de princesse* au cou démesuré. Toute une section a été consacrée à *l'art copte:* elle contient une riche documentation de
tissus, tapisseries, fresques détachées et restes architectoniques.

Art égyptien: le vizir Senynefer et sa femme Hatshepsout.

Art égyptien: bas-relief en calcaire peint avec Séthi Ier et la déesse Hathor.

L'Égypte à l'époque romaine est surtout documentée à travers l'art funéraire qui va du Ier siècle av. J.-C. au IVe siècle apr. J.-C.. À ne pas manquer: la série exceptionnelle de portraits peints à l'encaustique sur bois, connus sous le nom de "*portraits du Fayoum*", dont l'exécution est extraordinaire de réalisme et d'expression.

ANTIQUITÉS GRECQUES, ÉTRUSQUES ET ROMAINES

Les chefs-d'œuvre sont si nombreux et célèbres qu'il est presque impossible de les citer tous. Il suffira de rappeler, pour l'époque archaïque, la *Dame d'Auxerre*, l'*Héra samienne*, le discret et ironique sourire qui illumine le visage du *Cavalier Rampin*.

L'époque classique est fort bien représentée par un fragment de la *frise des Panathénées* du Parthénon, sur l'Acropole d'Athènes, issue de l'atelier de Phidias au Ve siècle av. J.-C.; la partie qui se trouve au Louvre est aussi connue comme "frise des Ergastines". Mais deux sculptures en particulier ont contribué à rendre célèbre le musée qui les abrite: c'est la *Victoire de Samothrace* et la *Vénus de Milo*. La première, retrouvée en 1863, est en marbre de Paros; elle commémore peut-être les succès remportés par Rhodes au cours de la guerre contre Antiochos III. La seconde, découverte en 1820 par un paysan de l'île de Milo, une des Cyclades, est datable de la fin du IIe siècle av. J.-C.; même si ce n'est qu'une copie d'un original de Praxitèle, elle est devenue le prototype de la beauté féminine grecque.

L'art romain est représenté par un grand nombre de pièces, dont la *frise de l'Autel de la Paix à Rome* (9 av. J.-C.), une statue

Art grec: le Cavalier Rampin, détail.

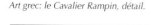

Art grec: la Victoire de Samothrace.

d'*Auguste*, considérée comme un des plus beaux portraits de l'empereur, une série de *portraits de Trajan*, d'*Hadrien et d'Antonin le Pieux*. Pour ne pas citer les bronzes, où émerge par sa beauté l'*Apollon de Piombino*, et l'orfèvrerie gréco-romaine, avec le célèbre *Trésor de Boscoreale*, retrouvé dans une villa détruite en 79 par l'éruption du Vésuve.

COLLECTIONS DE PEINTURE

C'est François Ier (1515-1547) qui commença la collection de peinture du Louvre, sans doute la première du monde. Ce souverain commença à réunir systématiquement des œuvres en tout genre, destinées à enrichir la résidence royale de Fontainebleau. Il réussit même à s'assurer l'artiste le plus célèbre de l'époque, Léonard de Vinci, et donc la propriété

Hubert Robert: La Galerie du Louvre.

de quelques-unes de ses œuvres les plus importantes, comme *La Joconde* et *La Vierge aux rochers*. Les collections reçurent une impulsion ultérieure sous Louis XIII, qui n'était pas un grand collectionneur, à l'encontre de son ministre, le Cardinal de Richelieu, qui sur son lit de mort, légua toutes les siennes à la couronne. La consistance de la collection demeurait cependant encore relativement modeste: une estimation de l'époque dénombre 200 peintures. Avec son successeur, Louis XIV, elle allait s'accroître: il acheta, en effet, une partie de la collection du cardinal Mazarin et la collection de Charles Ier d'Angleterre. Nouvelle progression à la fin du XVIIIe siècle, à la suite des réquisitions des biens des églises, des familles ou des administrations dissoutes. Même si vers la fin de 1815, un grand nombre d'œuvres furent rendues aux propriétaires légitimes, à partir du Second Empire, une sage politique d'achats permit d'augmenter constamment les collections et de les enrichir continuellement avec des œuvres de plus en plus importantes.

ÉCOLE FRANÇAISE

Les peintures de l'école française sont naturellement les plus nombreuses de toute la pinacothèque.
Parmi les premiers chefs-d'œuvre, la *Pietà de Villeneuve-lès-Avignon*, attribuée à Enguerrand Quarton, chef-d'œuvre de l'art gothique international. Parmi les portraits, le *portrait du roi Jean*

École de Fontainebleau: Gabrielle d'Estrées et la duchesse de Villars.

Jacques-Louis David: le Serment des Horaces.

le Bon, peint par un anonyme vers 1360, et le splendide *portrait de Charles VII,* «le très victorieux» roi de France, peint vers 1444 par Jean Fouquet. Le XVIe siècle connaît l'art splendide de Jean et de François Clouet (ce dernier, peintre de cour en 1540) et de l'école de Fontainebleau, dont un exemple raffiné nous est donné par le tableau *Gabrielle d'Estrées et la Duchesse de Villars.* Les œuvres des trois frères Le Nain, Antoine, Louis et Mathieu, sont intéressantes: Louis est considéré comme le meilleur, loin des fastes de la cour, spécialisé dans la reproduction de scènes rustiques comme la *Famille de paysans,* peinte vers 1643. La personnalité de Georges de La Tour présente un très grand intérêt: son *Saint Joseph charpentier* ou sa *Madeleine* dénoncent l'influence du caravagisme, après son voyage à Rome. La leçon romaine est évidente aussi chez Nicolas Poussin, avec *les Bergers d'Arcadie* et *l'Enlèvement des Sabines,* ainsi que chez Claude Lorrain dans le *Port de mer* et surtout le *Campo Vaccino à Rome,* œuvre remplie de la lumière dorée typique d'un après-midi ensoleillé au Forum de Rome. L'*Ex-voto* que Philippe de Champaigne peignit entre le 22 janvier et le 15 juin 1662, pour remercier Dieu de la guérison miraculeuse de sa fille paralytique, s'accorde parfaitement avec ses idéaux jansénistes. Quant à l'opulence du *Chancelier Séguier,* peint par Charles Le Brun, où il s'inspire clairement des modèles du XVIe siècle italien, elle nous semble contraster avec la sérénité et le mysticisme interne de la composition précédente.

D'Antoine Watteau, la plus haute expression du style rococo, nous rappellerons l'*Embarquement pour Cythère,* œuvre très discutée à cause de son interprétation difficile, et le *Gilles,* tableau lumineux exécuté peut-être vers 1717 ou 1719. Toutefois, nous devons le triomphe de ce style en France aux personnalités de François Boucher, dont les représentations fréquentes de Vénus qu'il nous a laissées furent définies «Vénus de boudoir» (parmi toutes, *le Repos de Diane après le bain*) et de Jean-Honoré Fragonard *(les Baigneuses).* Par la suite, l'enthousiasme et l'admiration pou l'Antiquité, portent au néo-classicisme de Jacques-Louis David: *le Serment des Horaces,* véritable manifeste du nouveau credo pictural, le *portrait de Mme Récamier,* à la grande pureté et à l'introspection psychologique profonde, le *Sacre de Napoléon,* énorme toile de 54 m², qui consacrera définitivement son auteur comme premier peintre du nouvel Empire. Malgré la forte influence du XVIIe siècle, l'*Enlèvement de Psyché* de Pierre-Paul Prud'hon annonce les thèmes chers au romantisme. Ce style s'épanouira avec Théodore Géricault; s'inspirant d'un fameux fait divers tragique (le naufrage, en 1816, d'une frégate française qui portait des colons au Sénégal), il peignit, en 1819, *le Radeau de la Méduse,* dont la composition en diagonale n'est qu'un amas et un entrelacement de corps désarticulés aux expressions hallucinées et dramatiques. Puisque nous venons de parler de Géricault, il faut

Théodore Géricault: le Radeau de la Méduse.

évoquer aussi un autre grand romantique: Eugène Delacroix. Le musée conserve, de cet artiste, des toiles grandioses comme la célèbre *Liberté guidant le peuple,* véritable manifeste de propagande politique, ou bien la *Mort de Sardanapale,* dont les couleurs témoignent des souvenirs de longs séjours en Espagne et au Maroc, ou encore la *Conquête de Jérusalem par les Croisés* ou les *Femmes d'Alger.* À l'opposé, nous trouvons la personnalité de Jean-Auguste Ingres: à la couleur des deux précédents il répond par la pureté de la ligne fine et sinueuse et le raffinement de la courbe; pour s'en rendre compte, il suffit d'observer la *Grande Odalisque* ou le *Bain turc;* ce dernier est inspiré de la description d'un harem, contenue dans les lettres de Lady Montague. De Camille Corot, le Louvre possède plus de 130 toiles. Sa *Femme à la perle,* peinte en 1868 dans la pose de la Joconde, est un peu le prototype de tous ses portraits.

Eugène Delacroix: la Liberté guidant le peuple.

ÉCOLE ITALIENNE

De toutes les écoles étrangères qu'accueille le Louvre, l'école italienne est sans aucun doute la mieux représentée avec de véritables chefs-d'œuvre. Les débuts de la peinture florentine sont présents avec la solennelle *Majesté* de Cimabue, qui perpétue l'inspiration byzantine par la rigoureuse symétrie et la fixité des gestes, et avec les *prédelles du retable de Saint François* de Giotto. Le "Quattrocento" est mis en évidence par le *Couronnement de la Vierge* de Fra Angelico, par un épisode de la *Bataille de San Romano* de Paolo Uccello, par le très pur *portrait d'une princesse de la maison d'Este* de Pisanello, et encore par des œuvres d'Antonello da Messina *(Le Condottiere)* et d'Andrea Mantegna (un *Saint Sébastien* monumental et une *Crucifixion* géométrique). Le génie de Léonard de Vinci brille au Louvre avec trois de ses plus belles œuvres, célèbres dans le monde entier: *Sainte Anne avec la Vierge, l'Enfant et l'Agneau,* peinte entre 1506 et 1510 pour le maître-autel de l'église des Servites de Florence, *La Vierge aux rochers,* mystérieuse et construite avec grande sagesse, *La Joconde,* peinte entre 1503 et 1505. Il aimait tant ce dernier tableau qu'il ne s'en sépara jamais, même lorsqu'il vint en France; il fut vendu à François Ier par l'artiste lui-même ou par Melzi. Prototype du portrait de la Renaissance, ce chef-d'œuvre acquit encore plus de renommée lorsqu'il fut volé, en 1911, du Salon Carré et retrouvé deux années plus tard à Florence. Des autres grands artistes italiens, nous rappellerons Raphaël *(La Belle Jardinière,* le *portrait de Baldassarre Castiglione),* Titien *(Jeune Femme à sa toilette, Le Concert champêtre* et *La Mise au tombeau du Christ,* Véronè-

Cimabue: *Vierge en majesté.*

Léonard de Vinci: la *Vierge aux rochers.*

se (Les Noces de Cana, toile gigantesque où le peintre insère, sous une architecture typiquement palladienne, une foule de plus de cent personnes). Sans omettre les Carrache avec La Chasse et La Pêche. Le Caravage avec La Mort de la Vierge, au grand réalisme, et Francesco Guardi avec une série de tableaux en honneur d'Alvise Mocenigo.

ÉCOLE FLAMANDE ET HOLLANDAISE

Le Louvre possède un des plus beaux et des plus importants exemples de cette école: la Vierge d'Autun de Jan Van Eyck, dite aussi la Vierge au Chancelier Rolin, avec l'ouverture "révolutionnaire" sur le paysage, derrière les deux personnages principaux. En plus du triptyque Braque de Rogier Van der Weyden, il ne faut pas oublier de citer le portrait de vieille dame qu'Hans Memling exécuta vers 1470-1475, Le Banquier et sa femme de 1514, tableau typique du genre, signé Quentin Metsys, Les Mendiants de Pieter Bruegel l'Ancien, une huile sur bois de petites dimensions (18x21), remplie d'une intense émotion. On a voulu voir, dans le groupe des cinq malheureux, un peu de tout: l'allégorie des cinq classes sociales, le symbole des péchés de l'humanité, la représentation de la révolte des "gueux" aux Pays-Bas contre le gouvernement espagnol de Philippe II. L'école flamande du XVIIe siècle tourne autour de la personnalité de Pierre Paul Rubens. Il faut citer ses 21 toiles magistrales sur la vie de Marie de Médicis, le délicat portrait de sa femme Hélène Fourment, la tourbillonnante Kermesse, où il fond admirablement l'expérience des couleurs des

Pisanello: Portrait d'une princesse d'Este.

Jan Van Eyck: la Vierge au chancelier Rolin (dite Vierge d'Autun).

peintres vénitiens avec la tradition flamande des bals en plein air. Ce siècle est également représenté par le "peintre du roi" Antoine Van Dyck: son *portrait de Charles Ier,* de par son introspection psychologique absorbée, inaugurera, en Angleterre, une tradition qui mettra de profondes racines et en deviendra le prototype.

L'école hollandaise, elle aussi, est présente avec de grands maîtres: Hieronymus Bosch *(La Nef des fous),* Lucas de Leyde, Frans Hals, qui dans *La Bohémienne,* révèle ses fréquents contacts avec le caravagisme nordique, Jan Vermeer, qui nous transporte dans les ambiances intimes des maisons bourgeoises; dans *La Dentellière* (peinte entre 1664 et 1665), le parfait accord entre les lumières, les volumes et les couleurs transfigure le caractère de simplicité pour l'élever aux plus hautes sphères des valeurs absolues. Pour finir, nous citerons la fameuse et riche collection des œuvres de Rembrandt, en particulier ses portraits et autoportraits: *l'autoportrait* peint en 1660, *La Bethsabée* et *Les Pèlerins d'Emmaüs,* où l'artiste, arrivé à pleine maturité, atteint des effets hautement dramatiques et mystiques.

Même si la **collection allemande** est plus modeste, elle n'en contient pas moins des œuvres très importantes comme *l'autoportrait* de Dürer, la *Vénus* de Cranach et le *portrait d'Érasme* peint en 1524 par Hans Holbein le Jeune. Toujours de cet artiste, les *portraits d'Anne de Clèves* et de *Nicolaus Kratzer.*

Pieter Bruegel l'Ancien:
Les Mendiants.

ÉCOLE ANGLAISE

L'Angleterre est représentée au Louvre par ses grands portraitistes du XVIIIe siècle: Joshua Reynolds, le plus important de tous, et son délicat et célèbre *Master Hare,* ainsi que Thomas Lawrence et ses *portraits de Julius Angerstein et de sa femme.* Le XIXe siècle présente, en revanche, les superbes paysages de Richard Parkes Bonington *(Miroir d'eau à Versailles),* de John Constable *(La baie de Weymouth)* et de Joseph Turner *(La mer à Margate).*

ÉCOLE ESPAGNOLE

Présente avec de nombreuses œuvres prestigieuses, l'école espagnole se distingue surtout par la grande toile de la *Crucifixion* de El Greco, la *Sainte Apollonia* et *L'Exposition du corps de Saint Bonaventure* de Zurbarán, *Le Jeune mendiant* et *La Cuisine des Anges* de Murillo, *L'Infante Marguerite* et la *Reine Marianne* de Diego Velazquez et enfin les nombreux portraits de Goya, dont la *Femme à l'éventail* et surtout la *Comtesse del Carpio;* un de ses chefs-d'œuvre, peint vers 1794, où le noir velouté de la longue robe contraste avec la précieuse dentelle blanche de la mantille et le grand ruban rose, mis en relief par quelques touches de lumière savantes.

SCULPTURES

Pour ce qui est de la sculpture, on peut dire qu'aujourd'hui le
Louvre offre le tour d'horizon le plus complet sur l'histoire de
la sculpture des origines jusqu'à nos jours, partant des sculptures romanes primitives, encore étroitement liées à une fonction architecturale (chapiteaux décorés) pour arriver aux
premiers exemples statuaires qui parachèvent le
concept de sculpture, entendu en sens moderne.
Voici donc la richesse du gothique: sculptures
venant de Chartres, Bourges et Reims (en particulier *le gisant de Marie de Bourbon),* le *tombeau de
Philippe Pot,* du dernier quart du XVe siècle, exécuté par Antoine le Moiturier pour l'abbaye de
Citeaux. La Renaissance est documentée par les
œuvres de deux grands sculpteurs: Jean Goujon et
Germain Pilon. Du premier nous citerons les reliefs
exécutés pour la *Fontaine des Innocents* et *La Déposi-
tion de Croix et Quatre Évangélistes;* du second le délicat groupe des *Trois grâces* et la *Statue priante du
chancelier de Birague.* Les XVIIe et XVIIIe siècles
sont représentés par les œuvres de Pierre Puget (le
Milon de Crotone exprime tout son génie
dramatique), de Simon Guillain (les statues en
bronze *d'Anne d'Autriche, Louis XIII et Louis
XIV enfant,* exécutées pour le monument du
Pont-au-Change), d'Antoine Coysevox (les statues
de la *Seine* et le vigoureux *buste de Louis II de
Bourbon),* de Falconet (la très délicate *Baigneuse)* et de Jean Antoine Houdon (son art s'exprime aussi bien dans le bronze svelte représen-

tant *Diane* que dans
la terre cuite où il
modèle les *bustes de
Benjamin Franklin* et
*de Louise Brongniart
enfant).* Il ne faut pas oublier enfin le
célèbre groupe *L'Amour et Psyché,*
sculpté par Canova en 1793, à l'opposé du ravissant groupe *La Danse* de
Jean-Baptiste Carpeaux (1869).
La sculpture italienne est documentée
par des œuvres de Nino Pisano, des
Della Robbia, d'Agostino di Duccio,
de Benedetto da Maiano *(buste de
Filippo Strozzi),* de Jacopo della Quer-
cia *(Vierge à l'Enfant)* et de Desiderio
da Settignano. Parmi les grands chefs-
d'œuvre: *l'Esclave rebelle* et *l'Esclave
mourant* de Michel-Ange, exécutés
entre 1513 et 1515 pour le tombeau
de Jules II, le *Mercure* de Jean Bologne
et *La Nymphe de Fontainebleau* de
Benvenuto Cellini.

*L'Esclave rebelle de Michel-Ange et l'Amour
taillant son arc d'Edme Bouchardon.*

OBJETS D'ART

C'est un secteur d'importance primordiale non seulement du point de vue artistique, mais aussi au plan historique. On y trouve les objets les plus disparates, des meubles aux tapisseries, des bijoux aux petits bronzes, des miniatures aux porcelaines.

La Galerie d'Apollon, avec sa voûte peinte par Le Brun, accueille le Trésor royal. À remarquer les *couronnes de Saint Louis, de Louis XV et de Napoléon*, la *broche-reliquaire* exécutée pour l'impératrice Eugènie en 1855, les *diamants Hortensia* (20 carats), *Sancy* (55 carats) et surtout le *Régent* (136 carats), envoyé de Madras en Angleterre en 1702 par Thomas Pitt et acheté pour la couronne de France en 1717 par le duc d'Orléans; et encore quelques pièces du *trésor de Saint-Denis* et le *trésor de l'Ordre du Saint-Esprit*, fondé par Henri III en 1578.

Le long des salles de la Colonnade, on rencontrera la reconstruction de la Chambre du Conseil du château de Vincennes; le plafond, les revêtements et les portes de la chambre de parade du roi au Louvre; le *triptyque Harbaville* en ivoire, de la moitié du Xe siècle; le *reliquaire de Saint-Louis de Toulouse*, en cristal et argent doré; les tapisseries avec les *Chasses de Maximilien*, tissées à Bruxelles en 1535 d'après un dessin de Van Orley et la tapisserie du *Martyre de Saint Mamert*, dessinée par Jean Cousin et tissée par Pierre Blassé et Jacques Langlois; et encore, dans la salle du maréchal d'Effiat, les tapisseries des Gobelins avec l'*Histoire de Scipion*, par Jules Romain; les meubles du célèbre ébéniste André Charles Boulle; la splendide et unique collection de tabatières, boîtes, bonbonnières et horloges des XVIIe et XVIIIe siècles, ciselées, décorées d'émaux et de miniatures, incrustées de pierres précieuses; *le bureau du roi* de J. F. Oeben; le Cabinet Chinois, avec sa série de panneaux chinois en papier peint de la fin du XVIIIe siècle; le nécessaire de voyage de Marie-Antoinette, exécuté à Paris en 1787-1788; le *trône de Napoléon*, exécuté en 1804, et le *berceau du Roi de Rome* de 1811, sur dessin de Prud'hon; la collection d'Adolphe de Rothschild (bas-relief d'Agostino di Duccio représentant la *Vierge avec l'Enfant et des Anges*), ainsi que les collections Camondo, Schlichting et Thiers (porcelaines du XVIIIe siècle, laques japonais et jades chinois).

La Baigneuse d'Étienne-Maurice Falconet et le célèbre Ivoire Barberini (de Constantinople, fin du Ve-début du VIe siècle).

L'Arc de Triomphe du Carrousel.

PLACE DU CARROUSEL - Ce jardin occupe l'emplacement où s'élevait le palais des Tuileries, détruit par l'incendie de 1871. Le portail d'entrée est tout ce qui reste aujourd'hui du fastueux palais. On y a constitué en 1964-1965 une sorte de musée en plein air, rempli de sculptures parmi lesquelles il faut remarquer La *Nuit* ou La *Femme couchée* d'Aristide Maillol.

ARC DE TRIOMPHE DU CARROUSEL - Construit d'après un dessin de Pierre-François Fontaine et de Charles Percier entre 1806 et 1808, il est destiné à célébrer les victoires de Napoléon Ier en 1805. Il a repris l'organisation architectonique et la décoration plastique de l'Arc de Septime Sévère à Rome. Des colonnes de marbre rouge encadrent les trois arcades, et chacune de ses faces est richement ornée de bas-reliefs rappelant les victoires impériales. On plaça au sommet les quatre chevaux dorés que Napoléon avait fait enlever de la Basilique de Saint-Marc à Venise (où ils retournèrent en 1815). Les originaux furent alors remplacés par des copies, et on ajouta par la suite un quadrige avec la *statue de la Paix*.

3ème Itinéraire

Du Palais-Royal à l'Élysée

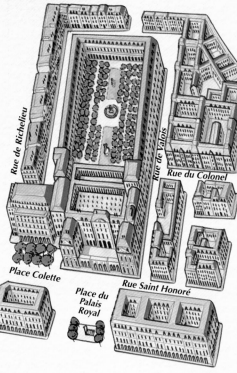

Rue de Richelieu

Rue de Valois

Rue du Colonel

Place Colette

Rue Saint Honoré

Place du Palais Royal

La façade de l'église Saint-Germain-l'Auxerrois.

SAINT-GERMAIN-L'AUXERROIS

Dite aussi «La Grande Paroisse», en tant que Chapelle Royale du Louvre au XIVe siècle; l'église actuelle s'élève sur le lieu d'un précédent sanctuaire d'époque mérovingienne. Sa construction dura du XIIe au XVIe siècle. Sa façade s'orne d'un grand porche de style gothique (1435-1439), aux cinq arcades différentes l'une de l'autre dont les piliers de division sont ornés de statues. En haut, la grande rosace, surmontée d'un gâble, où s'adosse le clocher (XIe siècle).

Intérieur. Il est assez impressionnant: une grande nef et des doubles bas-côtés soutenus par des piliers, un transept et le chœur. L'église est remplie d'œuvres d'art. Le **banc d'œuvre** en bois sculpté par F. Mercier en 1682 est remarquable. La statue représentant *Saint Germain* est en bois polychrome, tandis que celle de *Saint Vincent* est en pierre; toutes deux sont du XVe siècle. Un *retable flamand* en bois sculpté montre des scènes de la vie de Jésus. Dans le transept, nous pouvons admirer les vitraux anciens de la fin du XVe siècle.

RUE DE RIVOLI - Elle court, parallèle à la Seine, et de la Place de la Concorde va jusqu'à la Bastille. Elle doit son nom à la victoire que Napoléon remporta sur l'Autriche à Rivoli, en 1797.
Un côté de la rue est flanqué d'élégantes galeries qui aujourd'hui accueillent de grands hôtels, tel le Meurice au n° 228, et de célèbres magasins, comme la première librairie anglaise de la ville, la librairie Galignani, inaugurée en 1800.

PLACE DES PYRAMIDES - Cette petite place se déploie en face du Pavillon de Marsan: au centre, la *statue équestre de Jeanne d'Arc* (Frémiet 1874), but de pèlerinage le 12 mai de chaque année.

UNION CENTRALE DES ARTS DÉCORATIFS - Au 107 de la rue de Rivoli, se trouve l'UCAD (Union Centrale des Arts Décoratifs) qui abrite trois grandes collections: le **Musée des Arts Décoratifs**, le **Musée de la Mode et du Textile** et le **Musée de la Publicité** récemment créé.

Le premier recèle plus de 140.000 sujets dans des collections qui vont du Moyen Âge à nos jours et dont les pièces majeures sont des retables, gravés et peints, des tapisseries, des sculptures. À signaler, en outre, la collection Art Nouveau et Art Déco et la collection d'art islamique.

Le Musée de la Mode et du Textile présente, quant à lui, plus de 125.000 pièces, vêtements et accessoires confondus, et s'est enrichi récemment grâce à de prestigieuses donations de collections privées, maisons de mode et stylistes. Chaque année, le Musée propose une présentation à thème dans un décor d'origine.

Enfin, le Musée de la Publicité, installé dans une structure dessinée par Jean Nouvel, est le premier musée au monde en son genre. Ses collections couvrent tous le domaines de la publicité: 50.000 affiches, du milieu du XVIIIe siècle à la Deuxième Guerre (avec des œuvres de Toulouse Lautrec, Mucha, Bonnard, Beardsley, Utrillo, Klimt, etc.) et 50.000 affiches de 1950 à nos jours; des exemples de publicités cinématographiques, télévisées et radiophoniques, de 1930 à aujourd'hui; des milliers d'annonces publiées dans des revues et des journaux français et étrangers; et des centaines de spots radiophoniques. Enfin, un système informatisé multimédia, situé dans la "Piazza" conçue comme espace interactif et extension naturelle du Musée.

Statue équestre de Jeanne d'Arc, place des Pyramides.

La cour d'honneur du Palais-Royal avec ses colonnades. Les sphères d'acier de la fontaine sont de Pol Bury.

PALAIS-ROYAL

Construit par Lemercier entre 1624 et 1645, ce palais était à l'origine la demeure privée du cardinal de Richelieu, qui en fit don à Louis XIII à sa mort (1642). Aujourd'hui siège du Conseil d'État, de la Cour Constitutionnelle et du Ministère de la Culture. Il a une façade à colonnes, érigée en 1774 et une petite cour de laquelle, par une double colonnade, on passe dans le célèbre et magnifique jardin. Ce dernier fut créé par Louis en 1781 et s'étend sur 225 m. Il est entouré de trois ailes de robustes piliers: les galeries abritent de curieuses boutiques de marchands d'objets anciens et de livres rares. Durant la Révolution, ce fut un cénacle de patriotes: ici, en effet, se réunissaient pour discuter les nobles antimonarchistes, et parmi eux le Duc d'Orléans (qui deviendra plus tard Philippe Égalité).

PLACE DES VICTOIRES - De forme circulaire, la place fut aménagée en 1685 pour servir de cadre à la statue allégorique de Louis XV, que le duc de la Feuillade avait commandée à Desjardins. Cette statue fut détruite durant la Révolution et remplacée par une autre (de Bosio), en 1822. Sur la place, créée sous la direction de Jules Hardouin-Mansart, vinrent habiter d'importants personnages: le duc de la Feuillade lui-même occupait les n° 2 et 4, et le financier Crozat demeura au n° 3.

NOTRE-DAME-DES-VICTOIRES - L'église appartenait à un couvent d'Augustins déchaussés: c'est Louis XIII qui posa la première pierre en 1629, mais elle ne fut terminée qu'en 1740. Depuis 1836 de grands pèlerinages à la Vierge s'y déroulent. On y voit, à l'intérieur, plus de 30.000 ex-voto. **Intérieur.** Une seule nef, avec des chapelles latérales qui communiquent entre elles. Dans la chapelle de gauche se trouve le **cénotaphe** du musicien florentin Lulli, mort en 1687. Dans le chœur, boiseries du XVIIe siècle et

La statue équestre de Louis XIV, place des Victoires.

sept toiles de Van Loo, avec des scènes de la vie de Saint-Augustin et de Louis XIII qui dédia l'église à la Vierge.

BIBLIOTHÈQUE NATIONALE - Entrée principale au 58 de la rue de Richelieu (face au square Louvois, orné d'une belle fontaine de Visconti, exécutée en 1844).

De l'entrée, on accède directement à la cour d'honneur, œuvre de Robert de Cotte (XVIIIe siècle). De là, à droite, on passe dans le vestibule où sont exposés les plus beaux livres du dépôt légal de la Nationale. Au fond se trouve la **Galerie Mansart,** qui abrite souvent d'importantes expositions; en face se trouve le Salon d'Honneur, avec le plâtre original du *buste de Voltaire* que sculpta Houdon. Par un escalier monumental on monte au 1er étage, où se trouve la somptueuse **Galerie Mazarine**, œuvre de Mansart, avec des peintures de G. F. Romanelli. Depuis 1996, la quasi totalité des livres qui s'y trouvaient ont été transportés dans la toute nouvelle Bibliothèque Nationale de France, dans le quartier de Tolbiac. Ici ne sont restés que les manuscrits rares et les éditions les plus précieuses, dont deux exemplaires de la Bible de Gutenberg, les manuscrits originaux de Victor Hugo et de Marcel Proust ainsi que des miniatures exceptionnelles, comme l'Évangéliaire de Charlemagne, la Bible de Charles le Chauve, le Psautier de Saint Louis et les Riches Heures du Duc de Berry. Dans la Bibliothèque on visite également le Cabinet des Médailles et des Antiquités, avec des monnaies et des médailles de toutes les époques et les Trésors de Saint-Denis et de la Sainte-Chapelle.

Louis XIV (1643-1715), le Roi-Soleil

À la mort de Mazarin, en 1661, le jeune Louis prit le pouvoir et, résolu à gouverner par lui-même, supprima la charge de ministre principal. Dédaignant Paris, il se fit construire à Versailles un somptueux palais où résideront dès lors tous les rois de France (jusqu'en 1789). Louis XIV intervient personnellement dans la construction de son palais, imposant ses goûts personnels et ses idées: d'abord avec Mansart et Le Vau, responsables du projet, ensuite, avec Le Brun pour la décoration intérieure et avec Le Nôtre pour les jardins.

On dit que sur son lit de mort, le roi avoua avoir par trop aimé la guerre et les palais.

PLACE DU THÉÂTRE-FRANÇAIS - Cette belle place s'étend au débouché de l'avenue de l'Opéra. Ici se trouve le plus important théâtre français, la **Comédie Française**, instituée en 1680 par la fusion du groupe des comédiens de Molière avec ceux de l'Hôtel de Bourgogne. La compagnie fut dotée, en 1812, d'un statut spécial (le «décret de Moscou») par Napoléon Ier. Le répertoire du «Français» va des auteurs classiques (tout d'abord Molière et Racine, Corneille, etc.) aux auteurs modernes français (Claudel, Anouilh) et étrangers (Pirandello, Shakespeare, etc.). L'édifice fut construit par Victor Louis en 1786-1790, on

doit la façade à Chabrol (1850). Dans le vestibule et dans le foyer, on peut admirer les *statues* des grands auteurs dramatiques: celles de *Voltaire* et de *Molière* (œuvre de Houdon), celle de *Victor Hugo* (de Dalou), celle de *Dumas* (de Carpeaux) et d'autres. On peut voir aussi le fauteuil dans lequel Molière s'effondra le 17 février 1673, en jouant le "Malade Imaginaire".

RUE SAINT-HONORÉ - C'est une des plus anciennes rues de Paris (elle existait en effet déjà au XIIe siècle). Elle est remplie de souvenirs de la Révolution: le Club des Feuillants s'y trouvait, et à peu de distance, le Club des Jacobins, dirigé par Robespierre. En outre, cette rue était l'itinéraire des charrettes qui transportaient les condamnés à mort de la prison de la Conciergerie à la guillotine, place de la Concorde.

ÉGLISE SAINT-ROCH - Elle se trouve dans la rue Saint-Honoré et est très intéressante à cause des œuvres d'art qu'elle renferme. Elle fut commencée sous Louis XIV en 1653, et terminée un siècle plus tard; en 1736 Robert de Cotte exécuta la façade.
Intérieur. D'un style baroque somptueux, il comprend une nef et des bas-côtés avec des chapelles latérales, un transept et un chœur avec un déambulatoire à chapelles rayonnantes; derrière le chœur se trouve une vaste chapelle ronde, la **Chapelle de la Vierge,** avec une nef annulaire et une abside semi-circulaire (de Hardouin-Mansart); derrière celle-ci se trouve une chapelle rectangulaire, dite **Chapelle du Calvaire.** Les chapelles de l'église renferment la dépouille mortelle de Corneille, Diderot et Le Nôtre.

Une fontaine, place André Malraux.

La statue représentant Molière.

Façade de l'église Saint-Roch.

La place Vendôme la nuit et dans une photo d'époque.

PLACE VENDÔME

Vaste ensemble architectural de l'époque de Louis XV, elle s'appelle ainsi parce que la maison du duc de Vendôme s'y trouvait. Elle fut créée entre 1687 et 1720 pour servir de cadre à une statue équestre de Louis XV par Girardon, détruite au cours de la Révolution. De forme octogonale, simple et sévère, elle est entourée d'édifices s'ouvrant en larges arcades au rez-de-chaussée et animés d'avant-corps à frontons couronnés, sur les toits, de nombreuses et caractéristiques lucarnes. De nos jours, au n° 15 s'élève le célèbre Hôtel Ritz, et au n° 12 la maison où mourut Chopin en 1849. Au centre se dresse la **Colonne** érigée par Gondouin et Lepère entre 1806 et 1810 en l'honneur de Napoléon Ier. Faite sur le modèle de la colonne de Trajan à Rome, celle-ci a 43,50 m de haut, et autour du fût on voit une série de bas-reliefs en spirale, fondus dans le bronze des 1200 canons pris à Austerlitz. Au sommet de la colonne, Chaudet érigea une statue de Napoléon Ier en César, détruite en 1814 et remplacée par celle d'Henri IV. On y remit l'Empereur (1863), cette fois en Petit Caporal, mais huit ans plus tard; durant la Commune, la statue était de nouveau abattue. Elle fut replacée définitivement trois ans après (copie de l'original de Chaudet).

De la place Vendôme nous suivons maintenant la

rue de la Paix, qui s'appelait avant rue Napoléon. De nos jours c'est une des plus belles rues de la capitale, bordée de célèbres magasins de luxe: au 13 se trouve la bijouterie Cartier. Arrivés au bout, à droite nous trouvons l'**avenue de l'Opéra,** qui fut inaugurée au temps du Second Empire.

Place Vendôme, le salon parisien

Depuis le Second Empire, la place Vendôme est synonyme de luxe, de vanité et - pourquoi pas? - de magie.

L'attrait des vitrines de ses bijoutiers et joailliers célèbres dans le monde entier est irrésistible et la promenade autour de la place est devenue incontournable, voire un rite pour certains. Les portes des différentes maisons s'ouvrant sur des intérieurs raffinés où velours et boiseries servent de cadre discret aux achats.

En 1700 déjà, la maison Chaumet créait des bijoux pour les cours princières européennes: on lui doit la parure en rubis et diamants que son fondateur, Marie-Étienne Nitot, exécuta pour les noces de Napoléon et Marie-Louise d'Autriche; de même que la tiare ornée des bijoux de la couronne que l'empereur offrit au pape Pie VII. La collection des diadèmes royaux est exposée dans le singulier Musée de l'hôtel Saint James, où se trouve également la boutique.

Depuis 1946 s'ouvrent également sur la place les vitrines de Mauboussin qui, parmi ses "pièces" les plus célèbres, s'enorgueillit du bracelet d'émeraudes cabochons que Charlie Chaplin offrit à Paulette Goddard (exclue de la distribution du film "Autant en emporte le vent"); et puis, les vitrines de Mikimoto, avec ses superbes perles noires, une rareté, et celles des italiens Bulgari et Buccellati. À quelque dix ans de distance (respectivement en 1893 et en 1906) ouvrirent sur la place les maisons Boucheron et Van Cleef & Arpels qui apportèrent de nouvelles techniques et d'extraordinaires innovations dans le domaine de la bijouterie.

On s'arrête aussi devant les vitrines élégantes de l'italien Repossi et du russe Alexandre Reza que distingue un goût marqué pour les gros carats, avant de prendre rue de la Paix où règne Cartier, le bijoutier le plus célèbre du monde: celui que le roi Edouard VII d'Angleterre avait appelé "le joaillier des rois, le roi des joailliers".

Mais comment quitter cette place sans avoir admiré le Ritz, l'hôtel dont les cent ans de vie sont inextricablement liés aux grands événements de l'histoire de Paris?

Créé en 1898 par le suisse César Ritz, qui voulait offrir à sa clientèle fortunée un établissement possédant "tous les raffinements qu'un prince puisse désirer chez lui". Ainsi, transforma-t-il le palais du duc de Lauzun, au n°15 de la place Vendôme, en ce qui devait devenir l'un des plus grands hôtels du monde. Sinon le plus célèbre.

Parmi ses clients, on a vu des écrivains, des hommes politiques, des stars et des souverains, des intellectuels et des princes arabes, des magnats de l'industrie et des rois de la finance.

Marcel Proust y rédigea une partie de sa "Recherche"; une suite "de rêve" y fut occupée par les ducs et la duchesse de Windsor; et Coco Chanel, qui y eut un appartement pendant 35 ans, s'inspira sans doute de la forme magique de la place pour créer le cadran de sa célèbre montre *Première*.

La somptueuse façade du Théâtre de l'Opéra de nuit.

OPÉRA

L'Opéra est le plus vaste théâtre lyrique du monde (11.000 m^2 de superficie, 2.000 spectateurs, 450 personnages en scène). Construit d'après un projet de Garnier entre 1862 et 1875, c'est le monument le plus typique de l'époque de Napoléon III. Un large escalier mène au rez-de-chaussée de la façade: de grandes arcades et de robustes piliers, devant lesquels se trouvent des groupes de marbre. Le plus beau est celui qui est adossé au pilier de droite: la *Danse* de J.-B. Carpeaux. Le premier étage est constitué de hautes colonnes géminées encadrant de grandes fenêtres; au-dessus, un attique fastueusement décoré sur lequel s'appuie une coupole aplatie. L'**intérieur** est tout aussi luxueux: un grand escalier orné de marbres précieux, la voûte décorée de peintures d'Isidore Pils et le plafond de la salle avec des fresques de Marc Chagall (1966).

À l'Opéra commence le **boulevard des Capucines,** appelé ainsi parce que tout près s'élevait un couvent des sœurs Capucines. Au n° 28 se trouve l'**Olympia**, le fameux music-hall; au n° 14 une épigraphe rappelle que là, les frères Lumière projetèrent un film pour la première fois en public, le 28 décembre 1895. Devant le siège actuel du Ministère des Affaires Étrangères, en 1842, Stendhal s'effondrait sur le trottoir frappé d'apoplexie.

La façade classique de La Madeleine.

LA MADELEINE

Construite sur le modèle de la Maison Carrée à Nîmes, Napoléon Ier voulait en faire un temple en l'honneur de la Grande Armée. Il fit abattre une construction précédente jamais terminée et confia les travaux à l'architecte Vignon en 1806. En 1814 elle fut transformée en église et dédiée à sainte Marie-Madeleine. Elle a la forme et les structures d'un temple grec classique: une large base, une volée de marches et une colonnade de 52 colonnes corinthiennes de 20 m de haut. Au fronton, une grande frise sculptée par Lemaire en 1834 représente le *Jugement Dernier*.

Intérieur. Une seule nef: dans le vestibule se trouvent deux groupes sculptés de Pradier et de Rude. Au-dessus du maître-autel, une œuvre de Marochetti *(Sainte Madeleine enlevée au ciel)*.

Pierre-Antoine Demachy: l'intérieur de La Madeleine d'après le projet de Constant d'Ivry.

Devant la Madeleine s'ouvre la belle perspective de la **rue Royale,** qui se termine au fond par la masse symétrique du Palais-Bourbon. Percée en 1732, la rue Royale est courte mais luxueuse: au n° 3, se trouve le célèbre restaurant Maxim's au superbe décor Art Nouveau; au n° 11, ce sont les cristaux de Lalique; au n° 12, les argents de Christofle et au n° 16, pour les gourmands, la fameuse pâtisserie Ladurée.

La rue Royale croise, environ à sa moitié, une autre artère importante: la **rue du Faubourg Saint-Honoré,** dont l'impératrice Eugénie, superstitieuse, avait fait supprimer le n° 13. Cette rue est devenue synonyme d'élégance et de mode: ici en effet, se trouvent les magasins de parfumerie, de bijouterie et de mode les plus célèbres du monde. Quelques noms: Saint-Laurent, Hermès, Cardin, Lancôme, Carita, Lanvin...

La rue Royale au début du XXe siècle.

Le côté du palais de l'Élysée donnant sur la rue du Faubourg Saint-Honoré.

PALAIS DE L'ÉLYSÉE

C'est la résidence du Président de la République. Il fut construit en 1718 par Mollet pour le gendre du financier Crozat, le comte d'Évreux. Devenu propriété publique durant la Révolution, il fut habité par Caroline Bonaparte, puis par l'impératrice Joséphine. Le 22 juin 1815, Napoléon Ier y signa son abdication. Depuis 1873, l'Élysée est devenu la résidence officielle des présidents de la République Française.

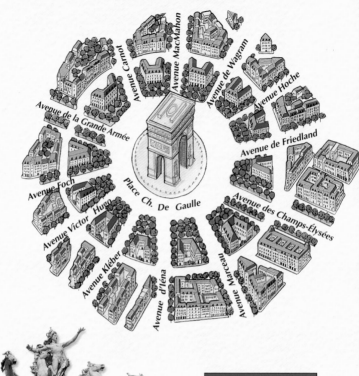

Avenue Carnot
Avenue MacMahon
Avenue de Wagram
Avenue Hoche
Avenue de la Grande Armée
Avenue de Friedland
Avenue Foch
Place Ch. De Gaulle
Avenue des Champs-Élysées
Avenue Victor Hugo
Avenue Kléber
Avenue d'Iéna
Avenue Marceau

4ème Itinéraire

Place de la Concorde et les Champs-Élysées

PLACE DE LA CONCORDE

Aménagée d'après un dessin de Jacques-Ange Gabriel entre 1757 et 1779, elle fut à l'origine dédiée à Louis XV dont une statue équestre s'élevait au centre de la place, œuvre de Pigalle et de Bouchardon, mais abattue pendant la Révolution. Sur son emplacement fut dressée la guillotine: on y fit mourir entre autres, le roi Louis XVI, la reine Marie-Antoinette, Danton, Madame Roland, Robespierre, Saint-Just. La place prit son aspect actuel entre 1836 et 1840, avec le réaménagement dû à l'architecte Hittorf. Au centre se dresse l'**obélisque égyptien** provenant du temple de Louqsor, offert en 1831 par Méhémet-Ali à Louis-Philippe et érigé

Derrière la fontaine de place de la Concorde se découpent l'obélisque et les deux palais grandioses qui bordent la place.

La place vue de l'entrée des Tuileries.

en 1836. Haut de 23 m, il est orné de hiéroglyphes qui illustrent les entreprises du pharaon Ramsès II. Aux angles de la place se trouvent les huit statues, symboles des principales villes de France. Sur le côté nord, des deux palais à colonnes (de Gabriel) l'un abrite aujourd'hui le **Ministère de la Marine** et l'autre est l'**Hôtel Crillon**.

JARDIN DES TUILERIES - Il s'étend sur un kilomètre environ de la Place du Carrousel à la Place de la Concorde, d'où l'on entre par une grille monumentale, dont les piliers sont flanqués des statues équestres de Coysevox: *Mercure*, à droite et *La Renommée*, à gauche. Deux rampes d'escaliers montent aux terrasses de l'Orangerie (à droite) et du Jeu de Paume (à gauche) siège, jusqu'en 1986, des collections impressionnistes aujourd'hui exposées au Musée d'Orsay, sur la rive gauche de la Seine. À présent, le Jeu de Paume abrite des expositions temporaires.

Jeux de lumière sur l'obélisque de la place de la Concorde.

Une des allées des Tuileries vers le Jardin du Carrousel.

Le Musée d'Orsay
vu de la Seine et
l'ancienne Gare
d'Orsay.

Une statue à
l'entrée du Musée
d'Orsay.

© Musée d'Orsay Fond. Urphot

MUSÉE D'ORSAY

Celui que la presse a pu définir "le plus beau musée d'Europe" se trouve sur la rive gauche de la Seine, là où s'élevait la Cour des Comptes, détruite pendant la Commune. En 1898, la Compagnie du chemin de fer Paris-Orléans confia à l'architecte Victor Laloux l'édification de la Gare d'Orsay. Les travaux furent rapides, ils durèrent à peine deux ans, et la nouvelle gare fut prête juste à temps pour l'Exposition Universelle de 1900. Laloux avait conçu une grande nef centrale de 135 sur 40 m, dont la structure métallique était habilement recouverte à l'extérieur par des stucs de couleur claire. À l'intérieur se trouvaient seize quais, mais aussi des restaurants et un élégant hôtel de 400 chambres. Abandonnée en 1939, la Gare d'Orsay commença un long déclin, risquant la démolition malgré les tentatives d'Orson Welles qui y tourna «le Procès» ou de Jean-Louis Barrault qui s'y établit avec sa compagnie. En 1973, le Président Pompidou la déclara monument national et voulut que soit créé le Musée qui manquait encore à Paris: un musée pouvant recevoir ce demi-siècle de l'art allant du Second Empire au début du Cubisme. Un trait d'union idéal et parfait entre le Louvre, temple de l'art classique et le Centre Pompidou, haut lieu de l'art moderne. L'adjudication pour la reconversion de la gare qui eut lieu en 1978 fut confiée au groupe ACT et les aménagements intérieurs à l'italienne Gae Aulenti. C'est sur quelque 45.000 mètres carrés que sont exposées aujourd'hui plus de quatre mille œuvres réparties entre peintures, sculptures, dessins et meubles.

Vue de l'intérieur du superbe musée.

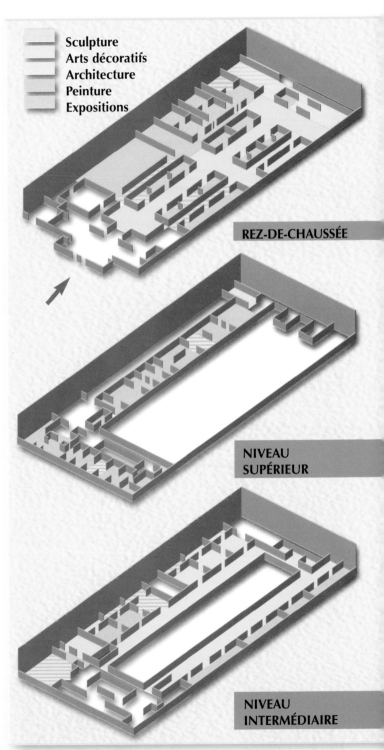

Sculpture
Arts décoratifs
Architecture
Peinture
Expositions

REZ-DE-CHAUSSÉE

NIVEAU SUPÉRIEUR

NIVEAU INTERMÉDIAIRE

P. Cézanne: **Les Joueurs de carte**

Toulouse-Lautrec: **La Toilette**

A. Charpentier: **Salle à manger**

V. Van Gogh: **Autoportrait**

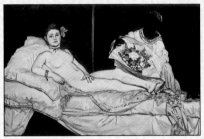

E. Manet: **Olympia**

E. Manet: **Le Déjeuner sur l'herbe**

E. Gallé: **Vitrine aux libellules**

Vincent Van Gogh: la Chambre de Van Gogh à Arles.

Paul Cézanne: Pommes et oranges.

Au **rez-de-chaussée** se trouvent la peinture, la sculpture et les arts décoratifs de 1850 à 1870, avec des œuvres de Ingres, Delacroix, Manet, Puvis de Chavannes et Gustave Moreau; à l'**étage supérieur** sont exposés les Impressionnistes (Monet, Renoir, Pissarro, Degas, Manet), les collections Personnaz, Gachet et Guillaumin, et la peinture postimpressionniste avec les chefs-d'œuvre de Seurat, Signac, Toulouse-Lautrec, Gauguin, Van Gogh et le groupe des Nabis (Bonnard, Vuillard, Vallotton); enfin, à l'**étage intermédiaire** est exposé l'art de 1870 à 1914: art officiel de la IIIe République, le Symbolisme, la peinture académique et les arts décoratifs de l'Art Nouveau avec Guimard, Gallé et l'École de Nancy.

Claude Monet:
la Cathédrale de Rouen.

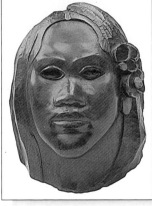

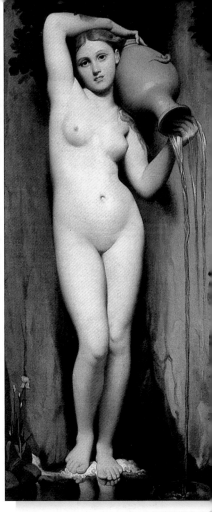

Paul Gauguin:
Arearea (le Chien Rouge).

Jean-Auguste Ingres:
La Source.

Paul Gauguin:
Masque en bois sculpté.

Auguste Renoir:
Le Moulin de la Galette.

Georges Stein: l'Arc de Triomphe.

Ci-contre: la façade de l'Arc de Triomphe face aux Champs-Élysées avec, sur la droite, le bas-relief figurant La Marseillaise.

CHAMPS-ÉLYSÉES

À l'origine, cette vaste zone était marécageuse: après qu'elle eut été bonifiée, en 1667 Le Nôtre y créa une large avenue appelée d'abord le Grand-Cours (il prit son nom actuel en 1709): depuis les Tuileries il allait jusqu'à l'Étoile, devenue aujourd'hui place Charles de Gaulle. Au début de l'avenue nous trouvons les célèbres *Chevaux de Marly*, de Guillaume Coustou. De là au Rond-Point des Champs-Élysées, l'avenue est bordée par un vaste parc-promenade. En avançant, on trouve à droite le **Théâtre des Ambassadeurs-Espace Pierre Cardin,** à gauche le **restaurant Ledoyen** datant de l'époque de Louis XVI. Sur la **place Georges-Clémenceau** nous trouvons la statue en bronze du célèbre homme politique qui mena la France à la victoire en 1918. De là se déploie la splendide perspective de l'**avenue Churchill** avec le pont Alexandre III et les Invalides au fond. Le long de l'avenue Churchill se trouvent le **Grand Palais** et le **Petit Palais,** tous deux de proportions grandioses, caractérisés par de hautes colonnades, des frises et des groupes de sculptures, réalisés à l'occasion de l'Exposition Universelle qui eut lieu à Paris en 1900.

Vue nocturne des Champs-Élysées avec l'Arc de Triomphe.

ROND-POINT DES CHAMPS-ÉLYSÉES -
Il s'étend au bout de la zone de parc-
promenade des Champs-Élysées: c'est
un important carrefour de 140 m de
diamètre, dessiné par Le Nôtre. À droite se trouve le siège du journal *Le Figa-
ro*, à gauche celui de *Jours de France*.
La grande artère (deux trottoirs de 22
m chacun et une chaussée de 27) part
de là; de chaque côté se succèdent
les bureaux de compagnies aé-
riennes, de banques et des salons
d'exposition d'automobiles.

PLACE CHARLES DE GAULLE - Autrefois Place
de l'Étoile, elle se déploie en haut des Champs-Élysées. C'est
une vaste rotonde de 120 m de diamètre, plantée d'arbres, d'où
partent, comme des rayons, douze artères (avenue des Champs-
Élysées, avenue de Friedland, avenue Hoche, avenue de Wagram, avenue Mac-Mahon, avenue Carnot, avenue de la Gran-
de-Armée, avenue Foch, avenue Victor-Hugo, avenue Kléber,
avenue d'Iéna et avenue Marceau).

ARC DE TRIOMPHE

Il se dresse, seul, au centre de la place, avec sa masse majestueuse. Napoléon Ier voulut le faire ériger en hommage à la Grande
Armée et Chalgrin en commença la construction en 1806. Terminé en 1836 il a une seule arche et est plus haut que l'Arc de
Constantin à Rome: il a en
effet 50 m de haut et 45 de
large. Ses faces sont or-
nées de bas-reliefs: le
plus connu et le plus
beau est celui de droite,
sur le côté regardant vers
les Champs-Élysées, qui représente le départ des vo-
lontaires de 1792 et est
connu sous le nom de **La
Marseillaise** (F. Rude). Les
bas-reliefs du haut célè-
brent les victoires napo-
léoniennes, tandis que les
cartouches sculptés à l'attique portent gravés les
noms des grandes ba-
tailles. En 1920, on plaça
sous l'Arc le tombeau du
Soldat Inconnu.

GRAND PALAIS - Il fut construit par Daglane et Louvet: sa façade à colonnes ioniques a 240 m de large et 20 m de haut. Il s'y
tient maintenant des expositions d'art et de peinture très importantes. Une partie de l'édifice est occupée par le **Palais de la
Découverte**, où sont présentées les dernières conquêtes de la
science et les grandes étapes du progrès.

Vue du Grand Palais.

PETIT PALAIS - C'est le siège du Musée du Petit Palais, vaste collection d'art ancien et moderne. On y voit des peintures d'artistes français des XIXe et XXe siècles (de Géricault à Delacroix, d'Ingres à Courbet, de Redon à Bonnard) qui font partie des **Collections de la Ville de Paris.** Les **collections Tuck** et **Dutuit,** par contre, comprennent non seulement divers objets de l'antiquité grecque, romaine, étrusque et égyptienne (émaux, porcelaines, etc.) mais aussi des dessins et des peintures d'époques et de lieux divers (Dürer, Cranach, Van de Velde, Watteau, Pollaiolo, Guardi, etc.).

PONT ALEXANDRE III - Il se trouve au bout de l'avenue Churchill. Il comporte une seule arche métallique, longue de 107 m, large de 40, et relie l'esplanade des Invalides aux Champs-Élysées. Il fut construit pour célébrer l'alliance franco-russe, entre 1896 et 1900, et porte le nom du tsar Alexandre III dont le fils Nicolas II avait inauguré le pont. Sur deux des piles de la rive droite sont figurées *la France médiévale* et *la France moderne,* tandis que sur celles de la rive gauche se trouvent les statues représentant *la France de la Renaissance* et celle de *Louis XIV.* Les pylônes d'entrée du pont portent des *allégories de la Seine* et *de la Néva,* symbolisant la France et la Russie. Le pont entier est fastueusement décoré d'allégories de génies marins, de guirlandes de fleurs et de réverbères surmontés d'amours.

La belle façade du Petit Palais.

Le pont Alexandre III et quelques détails de sa riche décoration.

5ème Itinéraire

79

Nous nous dirigeons maintenant vers le quartier de Chaillot, en suivant l'avenue d'Iéna, pour rejoindre la place qui porte le même nom. Au milieu, une *statue équestre de George Washington*, don des femmes américaines. Le grand palais moderne avec une rotonde qui se trouve à l'angle de la place est le siège du Conseil Économique et Social (Perret, 1938).

MUSÉE GUIMET - (Musée National des Arts Asiatiques). Entrée au n° 6. Fondé par le collectionneur lyonnais Émile Guimet, il offre une vision complète de l'art oriental et extrême-oriental. On y voit rassemblées des œuvres d'art de l'Inde (parmi lesquelles la *Danse cosmique de Siva*), du Cambodge (collections d'art khmer), du Népal, du Tibet (*Dakini dansante* en bronze doré), de l'Afghanistan, du Pakistan, de la Chine et du Japon, etc.

PALAIS GALLIÉRA - Il se trouve tout près d'ici: l'entrée est au n° 10, avenue Pierre Ier de Serbie. C'est la duchesse de Galliéra qui fit construire l'édifice, de style Renaissance, afin d'y abriter ses propres collections d'art. Elles passèrent ensuite par donation à la Ville de Genève, tandis que l'édifice faisait l'objet d'un don à la Ville de Paris. Le musée abrite le **Musée de la Mode et du Costume.** Les collections de ce musée réunissent plus de 4.000 costumes complets et plus de 12.000 pièces, qui présentent une vue d'ensemble de l'évolution de la mode française de 1735 à nos jours.

PALAIS DE TOKYO - Au n° 13 de l'avenue du Président Wilson. Construit pour l'Exposition de 1937, il est constitué de deux corps de bâtiment séparés, réunis en haut par un portique. Entre les deux ailes, un bassin entouré de bas-reliefs et de statues. Trois grandes statues de Bourdelle, en bronze, représentent *la France, la Force* et *la Victoire.*
Le bâtiment abrite le Musée d'Art Moderne de la Ville de Paris et le Centre National de la photographie.

Statues et sculptures en pierre et en bronze visibles au Palais de Chaillot.

MUSÉE D'ART MODERNE DE LA VIL-LE DE PARIS - Avec les collections de peinture de ce musée, on a voulu rappeler l'importance qu'a eu l'École de Paris dans l'histoire de la peinture du XXe siècle. On y voit des peintures de Modigliani, Rouault, Utrillo, Picasso, Dufy, Vlaminck, Derain, etc., et des sculptures de Zadkin, Maillol, etc.

Ici est également exposé le plus grand tableau du monde: la *Fée Électricité,* de Dufy (600 m^2).

D'ici, on rejoint la **Place du Trocadéro,** dont le nom vient de la forteresse espagnole que les Français conquirent en 1823. Au centre se trouve la statue du maréchal Foch (1951, R. Wlérick et R. Martin). Au coin de l'avenue Georges-Mandel se trouve le mur de soutien du **Cimetière de Passy.** Ici se trouvent les tombes de personnalités importantes: les peintres *Manet* et *Berthe Morisot,* les écrivains *Giraudoux* et *Tristan Bernard,* les musiciens *Debussy* et *Fauré.* Y reposent également *Las Cases,* qui fut le compagnon de Napoléon durant l'exil à Sainte-Hélène.

À côté s'étend le quartier de Passy, auquel ses excellentes eaux ferrugineuses avaient valu une certaine notoriété. Dans la rue Franklin, au n° 8 se trouve le **Musée Clémenceau,** aménagé dans l'ancien appartement du grand homme d'État (appelé le «Tigre»), resté tel qu'au jour de sa mort (1929) et où sont rassemblés documents et souvenirs de sa longue carrière de journaliste et d'homme politique. Au n° 47 de la rue Raynouard, la maison qu'habita Balzac de 1840 à 1847, maintenant transformée en musée, avec des souvenirs du grand écrivain. Enfin, au 116 de l'avenue Président Kenendy, nous trouvons la **Maison de Radio-France** construite entre 1959 et 1964 par H. Bernard avec une tour de 70 m, 1.000 bureaux, 62 studios et 5 auditoriums.

PALAIS DE CHAILLOT - Avec les jardins du Trocadéro, les Champs-Élysées et la Tour Eiffel, il constitue un bel exemple de l'architecture du début du XXe siècle. C'est à l'occasion de l'Exposition qui eut lieu à Paris en 1937 qu'il fut construit. Les architectes furent Boileau, Azéma et Carlu, qui firent le projet de l'édifice actuel sur l'emplacement du précédent édifice, le Trocadéro. Le palais est formé de deux énormes pavillons qui se prolongent en deux ailes, réunis par un parvis central orné de statues de bronze doré. De là, un magnifique ensemble de terrasses, d'escaliers, de jardins agrémentés de jets d'eau et de fontaines descend par degrés vers la Seine. Les deux pavillons, au fronton desquels sont gravés des vers du poète Valéry, abritent aujourd'hui le **Musée de la Marine**, le **Musée de l'Homme** et le **Musée des Monuments Français**.

Une sculpture en bronze doré placée sur une fontaine à Chaillot.

Le Trocadéro dans l'encadrement de la Tour Eiffel, photo du début du XXe siècle.

Le Palais de Chaillot avec le grand bassin et les jardins.

MUSÉE DE LA MARINE - C'est un des plus riches du monde dans son genre. On y trouve rassemblés des modèles de bateaux, des objets d'époque, des souvenirs et des œuvres d'art se rapportant à la mer. On y voit la maquette de la *Santa Maria* de Christophe Colomb, et celle de la *Belle Poule* qui ramena de Sainte-Hélène les cendres de Napoléon.

MUSÉE DE L'HOMME - Il rassemble de très importantes collections d'anthropologie et d'ethnologie, illustrant les diverses races humaines et leurs modes de vie. Dans le département de paléontologie on peut voir des pièces préhistoriques célèbres: la *Vénus de Lespugne*, en ivoire de mammouth, le moulage de la *Vénus hottentote* et des *fresques du Hoggar*.

MUSÉE DES MONUMENTS FRANÇAIS - Né en 1880 d'une idée de Viollet-le-Duc, il offre un vaste tour d'horizon artistique de la période carolingienne à nos jours. Les œuvres sont groupées par régions, par écoles et par époques, de façon à permettre au visiteur d'étudier l'évolution, les caractéristiques et les influences de chaque style. Toujours au Palais de Chaillot, se

trouve le **Théâtre de Chaillot,** situé sous la terrasse, disposant de 3.000 places. En 1948 et en 1951-1952, il abrita respectivement la IIIème et la IVème session de l'Assemblée Générale de l'O.N.U.

Dans une grotte du jardin a été aménagé l'**Aquarium** où l'on peut observer la vie de la plupart des poissons d'eau douce de France. Les jardins descendent graduellement jusqu'à la Seine, qu'enjambe le **pont d'Iéna** (1813). Décoré à chaque extrémité de quatre groupes équestres, celui-ci relie la place de Varsovie à l'autre rive, que domine la Tour Eiffel.

Ici et pages suivantes, quelques vues de la "Dame de Fer": les deux photos d'époque, page 84, la montrent pendant sa construction.

TOUR EIFFEL

Devenue désormais le symbole de Paris, elle fut érigée à l'occasion de l'Exposition Universelle de 1889. Chef-d'œuvre de l'ingénieur Gustave Eiffel, elle mesure au total 320 m de haut, en un entrelacs extrêmement léger de 15.000 pièces métalliques soudées. Son poids s'appuie sur quatre énormes piliers avec des bases en ciment. Elle est divisée en trois étages: le premier à 57 m, le second à 115 m et le troisième à 274 m. Sur les deux premières plates-formes, restaurants et bars offrent au

QUELQUES CHIFFRES CONCERNANT LA TOUR

15 mai 1889:
l'inauguration
26 mois: la durée
des travaux
1.710 marches pour
arriver au sommet
150 ouvriers
50 ingénieurs
40 dessinateurs
700 dessins d'ensemble
120 millions de visiteurs
en 100 ans d'existence

Gustave Eiffel, au centre, avec ses collaborateurs.

Le Champ-de-Mars vu du sommet de la Tour Eiffel.

touriste la possibilité de stationner et de jouir d'une vue et d'un paysage uniques. Parfois, dans les journées de parfaite visibilité, le regard peut s'étendre jusqu'à 70 kilomètres.

CHAMP-DE-MARS - Ce vert tapis qui s'étend sous la Tour Eiffel était à l'origine un champ de manœuvres qui fut par la suite transformé en jardins. Sous l'Ancien Régime et la Révolution, de nombreuses fêtes s'y déroulèrent: celle, célèbre, de l'Être Suprême, introduite par Robespierre, y eut lieu le 8 juin 1794. À l'époque moderne, l'aire fut le siège de nombreuses Expositions Universelles. De nos jours le jardin, qui fut aménagé par Formigé de 1908 à 1928, est entrecoupé de larges allées, orné de petits lacs, de petits cours d'eau et de parterres fleuris.

ÉCOLE MILITAIRE - Elle limite au sud la belle perspective du Champ-de-Mars. Édifiée sur l'initiative du financier Pâris-Duvernay et de Madame de Pompadour, désireux d'ouvrir la

La superbe entrée de l'École Militaire.

carrière militaire aux jeunes gens les plus pauvres, elle fut construite entre 1751 et 1773 par l'architecte Jacques-Ange Gabriel. La façade, avec les suites de fenêtres de ses deux étages, est animée au centre par un pavillon à colonnes, lesquelles soutiennent un fronton décoré de statues et coiffé d'une coupole. La **Cour d'Honneur,** très élégante, a un portique à colonnes doriques géminées; sa façade est formée de trois pavillons reliés par deux ailes de colonnades. En cet édifice, de nos jours encore affecté à la fonction d'école militaire, fut élève en 1784 Napoléon Bonaparte, qui en sortit l'année suivante avec le grade de sous-lieutenant d'artillerie en second.

L'ensemble architectural grandiose des Invalides.

PALAIS DE L'UNESCO - Il se trouve derrière l'École Militaire et fut construit entre 1955 et 1958 par trois grands architectes modernes: l'américain Breuer, l'italien Nervi et le français Zehrfuss. Ils firent le projet d'un édifice en forme d'Y, à grandes baies vitrées et façades courbes. De grands artistes collaborèrent à la décoration et à l'embellissement de ce vaste ensemble: d'Henry Moore à Calder, de Mirò à Jean Arp, de Picasso à Le Corbusier.

LES INVALIDES

Ce vaste ensemble d'édifices, comprenant l'Hôtel des Invalides, le Dôme et l'église Saint-Louis, s'étend entre la place Vauban et l'Esplanade des Invalides. C'est Louis XIV qui décida de l'entière construction, confiée à Libéral Bruant en 1671: elle était destinée à donner asile aux vieux invalides, souvent réduits à la mendicité. L'immense **place de l'Esplanade** (1704-1720) a 487 m de long et 250 de large et représente le décor rêvé pour l'Hôtel. Dans l'avant-cour qui précède ce dernier, sont alignés des canons de bronze du XVIIe et du XVIIIe siècles, les dix-huit pièces de la "batterie triomphale" qui tonnaient à l'occasion d'événements importants.

La façade, de 196 m de long, comporte quatre files de fenêtres et un majestueux portail au centre, surmonté d'un bas-relief représentant *Louis XIV*, encadré par la *Justice* et la *Prudence*. Dans la cour d'honneur, les quatre côtés sont composés de deux étages de galeries, de telle sorte que le pavillon du fond devient la façade de l'église Saint-Louis. Au centre, la *statue de Napoléon* par Seurre (autrefois au sommet de la colonne

Vendôme). L'église **Saint-Louis-des-Invalides,** dont le projet est dû à Hardouin-Mansart, a trois nefs. De nombreux drapeaux pendent du haut des parois. Dans la crypte, avec les maréchaux de France et les gouverneurs des Invalides, est enseveli Rouget de Lisle, l'auteur de la Marseillaise.

Les Invalides vus du pont Alexandre III et la façade de l'hôtel que domine la coupole dorée du dôme.

L'Hôtel des Invalides ac-
cueille aujourd'hui d'importants musées: le **Musée de
l'Armée**, le **Musée d'Histoire
Contemporaine** et le **Musée
des Plans-Reliefs**. Le premier
abrite l'une des plus riches
collections militaires qui
soient au monde. Y sont con-
servés armes et armures, du
XIVe siècle jusqu'à nos jours,
ainsi que des souvenirs importants et des objets historiques d'une très grande valeur.

La belle grille à l'entrée des Invalides.

DÔME DES INVALIDES

A vec son entrée place Vauban, voici enfin le chef-d'œuvre
de Hardouin-Mansart, qui l'édifia entre 1679 et 1706, à
plan carré et deux ordres superposés. La façade est un chef-
d'œuvre d'élégance et de symétrie: deux ordres de colonnes
couronnées d'un fronton, au-dessus duquel est solidement posé
le tambour à colonnes jumelées. De là, par une sobre transition
de grandes consoles, s'élance la coupole décorée de guirlandes
et de motifs floraux. La calotte, avec ses ors, se termine par un
lanternon à flèche, dont la pointe est à 107 m du sol.

Le Dôme des Invalides aux puissantes lignes classiques.

Intérieur. En forme de croix grecque, il est aussi simple que l'extérieur. Aux pendentifs de la coupole sont peints les *quatre Évangélistes,* et dans la calotte est représenté *Saint Louis remettant son épée à Jésus-Christ.* Ici se trouvent les tombeaux de plusieurs membres de la famille Bonaparte et d'autres grands personnages. Dans la chapelle de droite, le *tombeau de Joseph Bonaparte* puis, plus au nord, ceux des maréchaux *Foch* et *Vauban;* dans la première chapelle à gauche, le tombeau de l'autre frère de Napoléon, *Jérôme Bonaparte,* auquel font suite les tombes de *Turenne* et de *Lyautey.*

TOMBEAU DE NAPOLÉON - Il se trouve exactement sous la coupole. L'Empereur, mort à Sainte-Hélène le 5 mai 1821, ne fut ramené à Paris qu'en 1840, et son corps fut transporté ici le 15 décembre avec un cérémonial sans pareil. La dépouille mortelle est enfermée en six cercueils: le premier en fer blanc, le second en acajou, le troisième et le quatrième en plomb, le cinquième en bois d'ébène et le sixième en chêne.

Le sarcophage de porphyre qui contient
les cendres de Napoléon.

Auguste Rodin: Le Penseur.

Ils furent placés ensuite dans le grand sarcophage de porphyre
rouge, dans la crypte aménagée par Visconti. Là, *Douze
Victoires* de Pradier veillent l'Empereur. Auprès de lui, la *tombe
de"l'Aiglon"*, son fils mort à Vienne en 1832.

MUSÉE RODIN - L'entrée se trouve au n° 77 de la rue de
Varenne. Il est installé dans l'**Hôtel Biron,** un édifice construit
en 1728-1731 par Gabriel et Aubert, appartenant au maréchal
de Biron. En 1820 il fut transformé en couvent des sœurs du
Sacré-Cœur qui y éduquaient les jeunes filles des grandes familles. De cette époque date l'église néo-gothique qui se trouve
dans le jardin, qu'avait fait construire la
supérieure Sophie Barat. En 1904,
l'édifice fut loué au Lycée Victor-
Duruy, jusqu'au moment où il fut mis
à la disposition d'Auguste Rodin qui,
à sa mort, fit don de ses œuvres à l'É-
tat. Le musée est un magnifique témoignage de l'œuvre du grand sculpteur.
Environ 500 sculptures y sont rassemblées, en bronze ou en marbre blanc.
Parmi elles, rappelons *les Bourgeois
de Calais, le Penseur* et la *statue de
Balzac* dans la cour d'honneur, le
groupe du comte Ugolino dans le jardin, *le Baiser* et *Saint Jean-Baptiste* dans
la grande salle du rez-de-chaussée.

91

6ème Itinéraire

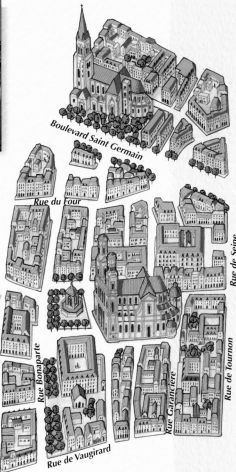

Boulevard Saint Germain

Rue du Four

Rue de Seine

Rue Madame

Rue Bonaparte

Rue Garancière

Rue de Tournon

Rue de Vaugirard

La façade du Palais Bourbon où siège l'Assemblée Nationale.

FAUBOURG SAINT-GERMAIN - Ce quartier de la «rive gauche», né de l'extension d'un village qui s'était formé autour de l'église de Saint-Germain-des-Prés, est un peu le quartier noble de Paris: ici, en effet, de riches bourgeois, des financiers, des aristocrates venus du Marais, construisirent d'élégantes demeures, avec des cours d'honneur et de vastes jardins. Toutes ces somptueuses demeures sont devenues, avec le temps, sièges d'ambassades ou de ministères. En fait, le déclin du quartier commença avec Louis-Philippe et Napoléon III, lorsque les Champs-Élysées supplantèrent définitivement Saint-Germain.

PALAIS-BOURBON

Situé devant le pont de la Concorde (1790), il est symétrique à la Madeleine. Aujourd'hui, il est le siège de l'Assemblée Nationale. Il porte la signature de quatre architectes: Giardini qui le commença en 1722, Lassurance qui continua les travaux, Aubert et Gabriel qui le terminèrent en 1728. À l'origine il fut construit pour une fille de Louis XIV, la duchesse de Bourbon. Propriété du prince de Condé à partir de 1764, il fut agrandi et parvint alors à son aspect actuel. De 1803 à 1807, Napoléon fit construire la façade par Poyet. Au portique, un *fronton allégorique* (Cortot, 1842).

Intérieur. Riche en œuvres d'art. Entre 1838 et 1845, Delacroix décora la **Bibliothèque,** l'illustrant par *l'Histoire de la Civilisation.*

Une des quatre statues qui flanquent le grand escalier et représentent: L'Hôpital, Sully, Colbert et d'Aguesseau.

Dans la Bibliothèque toujours, Houdon sculpta les *bustes de Diderot* et *de Voltaire*.

Nous parcourons maintenant la rue de Lille. Elle a gardé, comme la rue de Varenne, la rue de Grenelle et la rue de l'Université, l'ancien esprit du Faubourg Saint-Germain.

Le pont des Arts et, dans le fond, l'Institut de France.

PALAIS DE LA LÉGION D'HONNEUR - Se trouve rue de Lille, au n° 64. Construit par l'architecte Rousseau en 1787 pour le prince de Salm et brûlé durant la Commune, il fut reconstruit dans sa forme originelle en 1878. Depuis 1804, il est le siège de la Légion d'Honneur (instituée par Napoléon en 1802). Le palais abrite le **Musée de la Légion d'Honneur**, riche de souvenirs et de documents relatifs à l'ordre honorifique créé par Napoléon ainsi qu'à d'autres ordres européens. À côté du palais, la **Gare d'Orsay**, inaugurée en 1900, accueille aujourd'hui le Musée d'Orsay. En continuant le long des quais, nous arrivons, en face du Louvre, au **Pont des Arts**, le premier pont métallique de la ville, ouvert seulement aux piétons.

INSTITUT DE FRANCE - Il fut élevé en 1665, à la suite d'un legs testamentaire de Mazarin, qui en 1661 (trois jours avant de mourir) laissa deux millions de francs pour la construction d'un collège pouvant recevoir 60 élèves et appelé Collège des Quatre Nations. En 1806, Napoléon y fit transférer l'Institut de France, qui s'était constitué en 1795 par la fusion de cinq académies: l'Académie de France, celle des Sciences, celle des Belles-Lettres, l'Académie des Beaux-Arts et celle des Sciences Morales et Politiques. C'est l'architecte Le Vau qui dessina le projet de l'édifice, prenant pour modèles les édifices de la Rome baroque. Il se compose d'un corps central avec une façade dont les colonnes soutiennent un fronton et est surmonté d'une belle coupole (au tambour sont sculptées les armes de Mazarin). Ce corps est réuni aux pavillons latéraux par deux ailes courbes, avec une double file de colonnes. En entrant dans la cour, nous trouvons à gauche la **Bibliothèque Mazarine**, et à droite la **Salle des Séances solennelles**. Ici, sous la coupole (à l'origine s'y trouvait la Chapelle du Collège), se déroule la cérémonie solennelle de la présentation des nouveaux membres de l'Académie Française. La salle est précédée d'un vestibule où se trouve le *tombeau de Mazarin* (Coysevox, 1689).

La façade de l'Institut de France.

L'extérieur du Café de Flore, un des endroits les plus caractéristiques de Saint-Germain.

LA MONNAIE - Elle se trouve au n° 11 du quai de Conti, juste à côté de l'Institut. Le majestueux édifice qui accueille le siège de la Monnaie fut construit entre 1771 et 1777 par l'architecte Antoine. Avec une grande simplicité de lignes, la façade présente les files de fenêtres aux trois étages et un avant-corps central à colonnes. À l'intérieur, se trouve le **Musée de la Monnaie**.

PLACE SAINT-GERMAIN-DES-PRÉS - Pénétrant maintenant dans les petites rues caractéristiques du quartier, plein d'antiquaires et de boutiques d'objets d'art, nous rejoignons cette place, cœur du vieux Paris et lieu de rendez-vous des intellectuels de la "rive gauche". Les cafés et les brasseries qui animent la place ont été, au fil des années, les témoins de la naissance de mouvements littéraires, philosophiques et artistiques qui devaient marquer l'histoire du XIXe siècle.

Au *Café des Deux Magots* se sont assis Rimbaud et Picasso, au *Café de Flore*, fréquenté par Jean Cocteau, Jean Genet et Boris Vian, Jean-Paul Sartre et Simone de Beauvoir posèrent les bases de ce qui deviendra l'existentialisme. Dans l'air enfumé des caves voisines, Juliette Gréco, la "muse" aux cheveux longs et aux pulls noirs à col roulé, faisait découvrir au monde la poésie des vers de Brassens et de Léo Ferré. Autre rendez-vous, de l'autre côté du boulevard: la *Brasserie Lipp* où se retrouvaient pour discuter Paul Valéry, Max Jacob, Léon Blum et Giraudoux.

L'église de Saint-Germain-des-Prés avec son beau clocher roman.

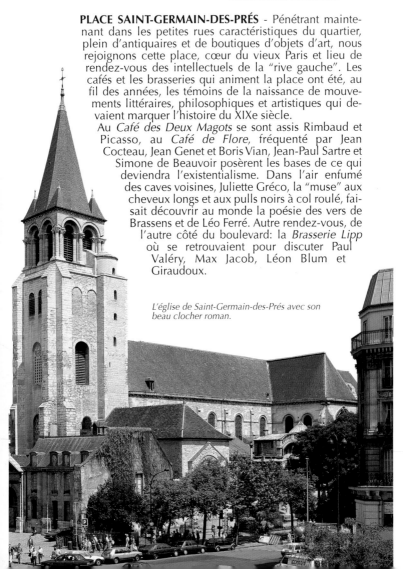

SAINT-GERMAIN-DES-PRÉS

Rare exemple de roman à Paris, c'est la plus vieille église de la ville. Elle fut en effet érigée du XIe au XIIe siècle, fut dévastée au moins quatre fois en quarante ans par les Normands, mais reconstruite à chaque fois dans les sévères formes romanes. À la façade, des vestiges du portail du XIIe siècle, à demi cachés par le porche du XVIIe qui y fut édifié en 1607. Le clocher, par contre, est entièrement roman, avec ses angles qu'épaississent de robustes contreforts.

Intérieur. Une nef et deux bas-côtés, un transept qui a subi des modifications au XVIIe siècle. Le chœur et le déambulatoire conservent encore en partie l'architecture originelle du XIIe siècle. Dans la 2ème chapelle de droite, la *tombe du grand philosophe Descartes,* dans le bras gauche du transept celle du roi polonais *Jean-Casimir.*

Sur le flanc gauche de l'église, en face de la rue de l'Abbaye, la petite place de Furstenberg: au n° 6, la maison où, en 1863, mourut Eugène Delacroix. On y trouve aujourd'hui rassemblés des objets personnels du peintre. À peu de distance, dans un quartier plein de boutiques d'images pieuses et d'objets religieux, se trouvent la place Saint-Sulpice et l'église du même nom.

SAINT-SULPICE

Après Notre-Dame, c'est la plus grande église de Paris. Six architectes s'y succédèrent en 134 ans. C'est au dernier, le florentin G. N. Servandoni, que l'on doit l'imposante façade qui fut toutefois modifiée en partie par Chalgrin. Elle se compose aujourd'hui d'un portique surmonté d'une loggia à balustre et est encadrée de deux tours. Sur les côtés, les têtes du transept comportent deux ordres superposés, de style jésuite.

Intérieur. Il est pour le moins grandiose: 110 m de long, 56 de large et 33 de haut (elle est plus grande donc, mais moins haute que Saint-Eustache). Au-dessus de l'entrée,

Deux vues de l'église Saint-Sulpice.

un des meilleurs orgues de France, buffet dessiné en 1776 par Chalgrin, instrument reconstruit en 1862 par Cavaillé-Coll. Adossés aux deux premiers piliers, deux *bénitiers* qui ne sont autre que de gigantesques coquilles offertes à François Ier par la République de Venise, et que par la suite Louis XV offrit à l'église, en 1745. Dans la première chapelle à droite, Eugène Delacroix peignit de 1849 à 1861 de splendides fresques, pleines de fougue et de vigueur romantique. À la paroi droite, *Héliodore chassé du Temple,* et à celle de gauche, la *Lutte de Jacob avec l'Ange;* et à la voûte, *Saint Michel terrassant le dragon.* Deux statues de Bouchardon, la *Mère de douleurs* et le *Christ à la colonne,* sont adossées aux piliers du chœur. Dans la chapelle de la Vierge, décorée sous la direction de Servandoni, une *Vierge à l'Enfant* de Pigalle dans la niche au-dessus de l'autel; aux murs, des toiles de Van Loo et à la coupole fresque de Lemoyne.

CARMES - Le séminaire se trouve au n° 70 de la rue de Vaugirard. Il s'agit de l'ancien couvent des Carmes Déchaussés, fondé en 1611. C'est une triste réputation que la sienne: le 2 septembre 1792, 115 religieux, coupables de n'avoir pas prêté serment à la Constitution, y furent massacrés sans pitié. L'ossuaire des victimes se trouve dans la crypte.

LUXEMBOURG

C'est la même rue de Vaugirard qui nous mène directement au principal point d'attraction du quartier. Le Luxembourg est constitué d'un palais autour duquel s'étend le célèbre jardin.

L'élégante façade du Palais du Luxembourg.

PALAIS - C'est à Marie de Médicis que l'on doit sa construction. À la mort du roi Henri IV, elle préféra habiter, plutôt que le Louvre, un endroit qui lui rappelât en quelque façon Florence, dont elle venait. En 1612, elle acquit l'hôtel du duc François de Luxembourg, ainsi qu'un beau morceau de terrain, et en 1615 chargea Salomon de Brosse d'ériger un palais dont le style et le matériau même ressembleraient le plus possible à ceux des palais florentins qu'elle avait quittés pour venir en France. Et effectivement, aussi bien le bossage que les gros piliers annelés rappellent davantage le Palais Pitti que les palais de Paris. La façade se compose d'un pavillon à deux étages, d'une coupole et de deux autres pavillons latéraux réunis à celui du centre par une galerie. Lorsque la Révolution éclata, le palais fut pris à la famille royale et transformé en Prison d'État. Le 4 novembre 1795,

La Fontaine Médicis, attribuée à Salomon de Brosse.

le Premier Directoire s'y installa, puis Napoléon en fit le siège du Sénat. Une autorisation du Secrétariat Général du Sénat est nécessaire pour visiter l'intérieur. La Bibliothèque est décorée de peintures célèbres de Delacroix *(Dante et Virgile dans les Limbes, Alexandre après la bataille d'Arbelles fait déposer les poèmes d'Homère dans le coffre d'or de Darius),* peintes en 1847, tandis que Jordaens peignit les *Signes du Zodiaque* au plafond.

JARDIN - Il a 23 hectares et forme un parc public quotidiennement égayé par les étudiants du Quartier Latin. Dans les bosquets qui s'étendent tout autour, se trouvent des fontaines, des groupes de sculptures, des terrains de jeu, même. Une belle suite de statues représentant les reines de France et les femmes célèbres s'étend le long des terrasses du jardin. Au bout d'un canal, sur le flanc est du palais, dans la perspective d'un cadre de verdure, se trouve la splendide Fontaine Médicis, attribuée à Salomon de Brosse. Dans la niche centrale est représenté *Polyphème surprenant Galatée avec le berger Acis,* sculpture exécutée par Ottin en 1863. De l'autre côté, un bas-relief de Valois (de 1806) représente *Léda et le cygne.*

PETIT LUXEMBOURG - Il se trouve sur la droite du Luxembourg, entrée au n° 17 de la rue de Vaugirard. Ayant appartenu autrefois à Marie de Médicis et au cardinal de Richelieu, il est aujourd'hui la résidence du président du Sénat

AVENUE DE L'OBSERVATOIRE - C'est une splendide avenue plantée d'arbres qui mène des jardins du Luxembourg à l'Observatoire. Au milieu de l'avenue, se trouve la célèbre fontaine appelée aussi des *Quatre parties du Monde* (Davioud, 1875). Elle est formée d'un groupe de figures féminines symbolisant les quatre parties du monde, sculptées par Carpeaux.

OBSERVATOIRE - Il se trouve au bout de l'avenue et est le siège du Bureau International de l'Heure depuis 1919. C'est Colbert qui décida de sa construction, et fit commencer les travaux le 21 juin 1667 (jour du solstice d'été), d'après le projet de Claude Perrault. Les quatre façades de l'édifice sont exactement orientées vers les quatre points cardinaux et le méridien de Paris passe juste au centre de la construction.

La Fontaine de l'Observatoire, également dite des "Quatre Parties du Monde".

Francis Scott Fitzgerald.

Amedeo Modigliani.

De là, on rejoint la **place Denfert-Rochereau,** dédiée au colonel qui, à Belfort, opposa une farouche résistance aux Allemands en 1870. Ici également s'ouvre l'entrée des **Catacombes**, grottes de calcaire d'époque gallo-romaine, qui furent utilisées comme ossuaire en 1785. Il est assez probable que s'y trouvent les restes - non identifiables, désormais - de nombre des protagonistes de la Révolution (Robespierre, Danton, Saint-Just), qui furent jetés à la fosse commune.

MONTPARNASSE

Son nom lui vient d'une petite hauteur qui surgissait près d'ici, nivelée au cours du XVIIIe siècle, et qui s'appelait le Parnasse. Dans les années 1920-1940, le quartier était fréquenté surtout par des artistes, écrivains et peintres, qui donnèrent à Montparnasse cet air typiquement bohème qui en fit le cousin et le rival de l'autre quartier célèbre de Montmartre. Des peintres comme Amedeo Modigliani, fascinant et maudit (qui habita le quartier jusqu'à sa mort), Picasso, qui travaillait entre ici et le Bateau-Lavoir à Montmartre.

Comme Saint-Germain, Montparnasse a ses cafés "historiques": *La Closerie des Lilas*, au superbe décor Art Déco, *La Rotonde*, que fréquentait Trots-

La zone comprise entre le boulevard Montparnasse, le boulevard Raspail et la rue de Rennes est la plus animée et vibrante du quartier.

ki, *Le Dôme*, de l'autre côté du boulevard, *La Coupole*, avec les 24 piliers décorés de sa salle de restaurant. Et, tout près d'ici, *Le Sélect*, premier bar parisien à être resté ouvert toute la nuit.

C'étaient là les rendez-vous habituels d'une petite colonie d'Américains dont faisaient partie Hemingway et Scott Fitzgerald; ces Américains que Gertrude Stein (qui habitait rue de Fleurus) avait appelés "la génération perdue". C'est à une table de La Coupole, qu'Hemingway écrivit "Le soleil se lève aussi". Cœur et point névralgique du quartier, le **carrefour Raspail** se trouve au croisement du boulevard Raspail et du boulevard Montparnasse. On peut voir ici une des plus belles œuvres de Rodin, le bronze représentant *Balzac,* de 2 m 80 de haut, de 1897.

CIMETIÈRE MONTPARNASSE - C'est un des lieux les plus intéressants du quartier à visiter. Édifié en 1824, y sont enterrés des hommes de lettres (*Proudhon, Maupassant, Huysmans, Baudelaire, Tristan Tzara*), des peintres (*Fantin-Latour, Soutine*), des sculpteurs (*Brancusi, Rude, Houdon*), des musiciens (*Franck, Saint-Saëns*) et le capitaine *Dreyfus,* protagoniste et victime de la fameuse "affaire".

Malgré les nombreuses réalisations urbaines qui ont changé le visage du quartier, Montparnasse garde encore des témoignages d'un passé important au point de vue artistique. Au n° 16 de la rue Bourdelle se trouve le **Musée Bourdelle,** qui rassemble presque tout l'œuvre du sculpteur Antoine Bourdelle (sculptures, peintures, dessins). Montparnasse possède aussi un témoignage rare d'architecture métallique appliquée à un édifice religieux: l'église **Notre-Dame-du-Travail**, de 1900. En continuant, nous rencontrons la **rue de la Gaîté**, ainsi appelée parce qu'au XVIIIe siècle elle était bordée de restaurants, de cabarets et de salles de bal. Au n° 20 se trouve aujourd'hui le célèbre music-hall de **Bobino.**

7 ème Itinéraire

QUARTIER LATIN

D ire Quartier Latin aujourd'hui c'est dire Sorbonne et Université. D'origine très ancienne, il devint le quartier des études lorsqu'au XIIIe siècle l'Université se transporta de l'Île de la Cité sur la "rive gauche". En peu de temps elle devint très célèbre à cause de l'attrait exercé sur les étudiants par les grands maîtres qui y enseignaient (saint Bonaventure, saint Thomas d'Aquin, saint Albert le Grand). On peut commencer l'itinéraire à travers le Quartier Latin par la **place Saint-Michel**, de l'époque de Napoléon III. Une belle **fontaine** (Davioud, 1860) est ornée d'un groupe en bronze de saint Michel terrassant le dragon. En août 1944, d'âpres combats se déroulèrent sur cette place entre les étudiants de la Résistance et les Allemands.

Le Quartier Latin fut aussi le théâtre des événements de mai 1968. Expulsés de la Sorbonne, les étudiants dressèrent des barricades à travers le quartier, dans la nuit du 10 au 11 mai, et se heurtèrent violemment avec la police.

La Fontaine de Gabriel Davioud, place Saint-Michel.

Le Quartier Latin

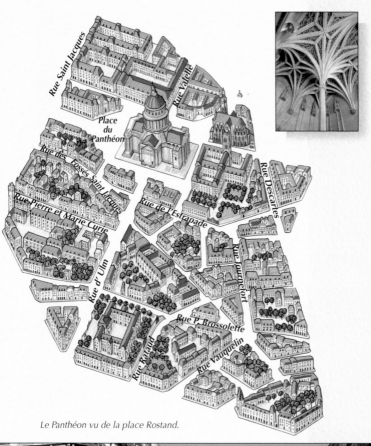

Rue Saint Jacques

Rue Valette

Place du Panthéon

Rue des Fossés Saint Jacques

Rue Descartes

Rue Pierre et Marie Curie

Rue de l'Estrapade

Rue d'Ulm

Rue Tournefort

Rue Rataud

Rue P. Brossolette

Rue Vauquelin

Le Panthéon vu de la place Rostand.

BOULEVARD ST-MICHEL - Cette grande voie inaugurée au Second Empire, appelée familièrement par les Parisiens le «Boul'Mich'», monte tout droit de la Seine vers la colline Sainte-Geneviève. Animé, plein de librairies anciennes, de cafés bruyants, de restaurants exotiques et de cinémas d'avant-garde, c'est le cœur du quartier.

SAINT-SÉVERIN - À la fin du XIe siècle déjà, Saint-Séverin était la paroisse de toute la "rive gauche". L'église, dans sa forme actuelle, commença à se construire dans la première moitié du XIIIe siècle et sa construction dura pendant tout le XVIe siècle. Le **portail** de la façade est du XIIIe siècle: il provient de l'église de Saint-Pierre-aux-Bœufs, démolie en 1839. Au-dessus, les fenêtres et la rosace sont de style gothique flamboyant (XVe siècle), tandis que le clocher qui s'élève sur la gauche est du XIIIe siècle. De petits gâbles sculptés courent le long des côtés et de l'abside de l'église. **Intérieur.** 50 m de long, 34 de large et 17 de haut, l'église a une nef et un double déambulatoire, pas de transept et un petit chœur. Les trois premières travées de la nef sont les plus anciennes: elles sont en effet du XIIIe siècle, tandis que les autres sont des XVe et XVIe siècles. Sous les arcades s'ouvre la galerie du triforium, le plus ancien de Paris. Dans ces travées toujours, les piles sont ornées de chapiteaux, au contraire de celles des travées suivantes, qui sont en gothique flamboyant. L'**abside** présente cinq arcades plus hautes que celles du chœur. Dans ce dernier, il faut admirer le magnifique déambulatoire double, érigé entre 1489 et 1494, avec les nombreuses nervures qui partent, semblables à des rayons, du haut des colonnes. Aux fenêtres, de beaux vitraux de la fin du XVe siècle. Le vitrail de la façade représente l'*Arbre de Jessé* (début du XVIe).

Un gracieux élément décoratif du square René Viviani.

Le chevet de l'église Saint-Séverin.

La façade de la petite église Saint-Julien-le-Pauvre du XIIe siècle.

SAINT-JULIEN-LE-PAUVRE - Bien qu'elle soit petite, cette église est très pittoresque. C'est une des plus anciennes de Paris, sa construction remonte en effet à la même époque que Notre-Dame (1165-1220 environ). Depuis 1889 on y célèbre l'office dans le rite melchite. Au XVIIe siècle sa structure fut notablement modifiée, lorsque l'on démolit deux travées de la nef et la façade.

SQUARE RENÉ VIVIANI - Ce petit jardin planté de tilleuls s'ouvre devant l'église. Ici fut planté en 1620 un robinier, qui est un des plus vieux arbres de Paris, introduit de l'Amérique du Nord par le botaniste Robin, qui a donné son nom à la plante. On a sans doute d'ici, la plus belle vue latérale de Notre-Dame.

HÔTEL DE CLUNY

Cet édifice, enserré dans la verdure d'un jardin, est sans nul doute un des plus beaux exemples d'architecture de gothique flamboyant. L'Hôtel est adossé aux ruines de Thermes romains (du IIe siècle ou du début du IIIe). Le terrain sur lequel il s'élève était la propriété du monastère de Cluny en Bourgogne: là, entre 1485 et 1498, l'abbé Jacques d'Amboise fit construire un "hôtel" où pouvaient résider les moines bénédictins qui venaient de Cluny visiter la capitale. Vendu et passé bien public durant la Révolution, il devint en 1833 la demeure du collectionneur Alexandre du Sommerard. À sa mort (1842) l'édifice et les collections qui s'y trouvaient devinrent propriété de l'État. En 1844 fut inauguré le musée où furent rassemblés les témoignages de la vie française au Moyen Âge (des costumes aux armes, des bijoux aux céramiques, des tapisseries aux peintures et aux statues).

Deux exemples du gothique flamboyant de l'Hôtel de Cluny.

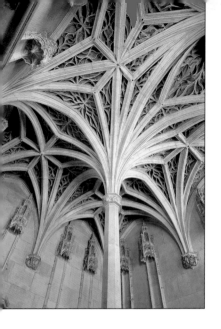

MUSÉE NATIONAL DU MOYEN ÂGE - On entre dans le Musée par la cour. De là on peut admirer l'édifice dans toute sa beauté: deux files de fenêtres à croisée de pierre et une tour d'escalier ornée des emblèmes de saint Jacques. Les balustrades qui couronnent le toit et les lucarnes sont typiques du gothique flamboyant.

Le Musée compte 24 salles. Une des plus précieuses collections est celle des tapisseries tissées dans la Loire et dans les Flandres (XVe et XVIe siècles). Dans la Salle XIII, dite aussi la Rotonde, est conservée la célèbre tapisserie de la *Dame à la Licorne,* des premières années du XVIe siècle. À cet étage toujours, la salle sans nul doute la plus célèbre et la plus belle est la XXe, la **chapelle,** ancien oratoire des abbés. De pur style gothique flamboyant, elle a un pilier unique au centre, d'où partent les nervures de la voûte: le long des parois, une série de consoles et de statues de la famille d'Amboise. Dans cette chapelle se trouvent les célèbres tapisseries illustrant la *Légende de Saint Étienne,* destinées à la cathédrale d'Auxerre, et exécutées vers 1490. Dans les salles suivantes, une autre grande tapisserie du début du XVIe siècle représente la *Parabole du Fils prodigue.*

ÉCOLE DE MÉDECINE - Elle se trouve au n° 12 de la pittoresque rue de l'École de Médecine. Elle fut construite entre 1769 et 1786. Les agrandissements de 1878-1900 entraînèrent la disparition d'illustres édifices: la maison où Charlotte Corday poignarda Marat et l'atelier où travaillait Courbet. Face à l'édifice, une *statue de Danton* (A. Paris, 1891).

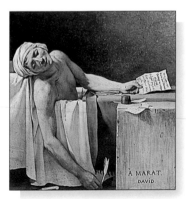

COLLÈGE DE FRANCE - Le Collège de France fut fondé par François 1er en 1530, en tant que lieu d'enseignement indépendant de la Sorbonne. Depuis 1852 il est rattaché au Ministère de l'Éducation Nationale, et on y fait des cours

Le pilier-palmier aux riches nervures de la chapelle gothique.

Jacques-Louis David: La Mort de Marat.

La façade de l'église de la Sorbonne aux lignes baroques et un détail des sculptures au-dessus du portail.

libres de littérature et de sciences. Il est précédé d'un jardin où se trouvent une *statue de Dante* (Aubé, 1879) et un monument représentant *la Pléiade*. Dans un souterrain se trouve le cyclotron avec lequel Frédéric Joliot-Curie réalisa la fission du noyau d'uranium.

SORBONNE - On désigne du nom de Sorbonne l'ensemble d'édifices dans lesquels se trouve le siège de l'Université de Paris depuis sept siècles. En 1253, le confesseur du roi Louis IX, Robert de Sorbon, voulut fonder un collège où l'on enseignerait la théologie même aux plus pauvres: ce fut le premier noyau de la future grande université. Dans le vaste espace qu'elle occupe aujourd'hui se trouvent, outre les diverses sections d'étude, la bibliothèque et le rectorat.

ÉGLISE DE LA SORBONNE - C'est la partie la plus ancienne des édifices de l'université. Érigée entre 1635 et 1642 par Lemercier, elle a une façade à deux ordres typiquement baroque, dominée par son élégante coupole. L'ordre inférieur est relié à l'ordre supérieur par des volutes. Les colonnes du premier plan se transforment au second en piliers engagés, de façon à créer une accentuation graduelle de la luminosité. **Intérieur.** Dans le transept, Girardon a sculpté en 1694, d'après un dessin de Le Brun, le *tombeau* en marbre blanc *du cardinal de Richelieu*.

La colline sur laquelle nous nous trouvons est appelée la Montagne Sainte-Geneviève. On suit la rue Soufflot, pleine de librairies et de maisons d'édition spécialisées dans le Droit. Au bout de la rue, à l'angle de la place du Panthéon, à gauche la **Faculté de Droit** (Soufflot, 1770) et à droite la **Mairie du 5e Arrondissement** (Hittorf, 1850). Sur la place, dominée par la masse majestueuse du Panthéon, la **Bibliothèque Sainte Geneviève,** œuvre de Labrouste (1844-1850), riche de manuscrits et d'incunables. Sur les côtés du Panthéon, deux statues en marbre représentant *Corneille* et *Rousseau*.

PANTHÉON

C réé comme église Sainte-Geneviève à la suite d'un vœu de Louis XV tombé gravement malade en 1744, le Panthéon naquit d'un projet de Soufflot (1758) et fut terminé avec la contribution de Rondelet en 1789. Au temps de la Révolution, il devint un temple de la Gloire destiné à recevoir la dépouille mortelle des grands hommes. Napoléon le rouvrit au culte en 1806, mais seulement jusqu'en 1885, quand il redevint définitivement un temple laïque.

La façade solennelle et classique du Panthéon et, en haut, le tombeau de Voltaire qui y repose.

Ses proportions sont exceptionnelles: 110 m de long et 83 de haut. Par une volée de marches, sur la façade, on entre dans le pronaos de 22 colonnes soutenant un fronton: sur celui-ci, David d'Angers sculpta en 1831 *L'allégorie de la Patrie entre la Liberté et l'Histoire*. On y lit la célèbre inscription "Aux grands hommes, la patrie reconnaissante". La grandiose coupole domine tout le monument: un portique de colonnes corinthiennes entoure le tambour.

Intérieur. Il est en croix grecque, avec une coupole qui s'élève à la croisée de transept et est soutenue par quatre piliers.

Aux parois, Puvis de Chavannes peignit *L'histoire de Sainte Geneviève*.

Au Panthéon reposent de nombreux hommes illustres. *Jean-Jacques Rousseau* y fut inhumé en 1794. Parmi tant d'autres, citons encore *Victor Hugo* (dont la dépouille fut transférée ici en 1885), *Émile Zola, Voltaire, Carnot, Mirabeau* et l'auteur même de l'édifice, *Soufflot*. En 1996 y fut également transférée la dépouille d'*André Malraux*. Du sommet de la **coupole** (425 marches) on admire un vaste et magnifique panorama.

SAINT-ÉTIENNE-DU-MONT

C'est une des plus curieuses églises de Paris, aussi bien par sa façade que par son intérieur. Elle fut commencée en 1492 mais terminée seulement en 1622. La façade est un amalgame bizarre de styles gothique et Renaissance, en trois frontons superposés.

Intérieur. Gothique, avec une nef et des bas-côtés, de très hauts piliers cylindriques sou-

L'extérieur et l'intérieur de l'église Saint-Étienne-du-Mont d'un style singulier.

tiennent ses voûtes, reliées entre elles par une tribune qui court au-dessus des arcades. L'élément qui caractérise cette église est le **jubé**, c'est-à-dire la tribune suspendue qui sépare la nef du chœur. C'est peut-être Philibert Delorme qui le dessina, et c'est le seul jubé que l'on connaisse à Paris: il fut construit de 1521 à 1545. Caractérisé par un bel ajour d'inspiration Renaissance, il se prolonge par les escaliers latéraux en spirale. Dans le déambulatoire, près des piliers de la chapelle de la Vierge, les *tombeaux de Pascal et de Racine*. Beaux vitraux des XVIe et XVIIe siècles. Toujours dans l'église on trouve le *reliquaire de sainte Geneviève*, patronne de Paris qui, en 451 sauva la ville de la menace des Huns.

VAL-DE-GRÂCE

L a construction de ce splendide ensemble architectural du XVIIe siècle est due à Anne d'Autriche qui, n'ayant pas encore d'enfants fit le vœu d'élever une riche église si elle avait enfin l'héritier tant désiré. Le futur Louis XIV naquit en 1638 et on entreprit aussitôt les travaux, d'après un projet de François Mansart. Le petit roi lui-même posa la première pierre en 1645. Puis Mansart, jugé trop lent par la reine, fut remplacé par Lemercier. Un autre architecte toutefois, Le Duc, termina les travaux en 1667. En 1710 l'église fut consacrée. Construite dans le style jésuite, elle présente une façade à deux ordres de colonnes avec un double fronton triangulaire. Elle est surmontée d'une belle coupole élancée de 40 m de haut.

Intérieur. Il est du plus pur style baroque: une seule nef avec une voûte en berceau, des chapelles latérales communiquant entre elles et un chœur avec six chapelles (deux latérales et quatre angulaires). La coupole est décorée par une fresque grandiose de P. Mignard, représentant la *Gloire des Bienheureux*, composition de plus de deux cents figures, trois fois plus grandes que nature. La décoration de sculpture, par contre, revient aux frères Anguier et à Philippe Buyster. À droite, la **chapelle Saint Louis**, ancien chœur des Bénédictins; à gauche, la **chapelle Sainte Anne** où, à partir de 1662 furent déposés les cœurs de la famille royale et de la famille d'Orléans, disparus en 1792 durant la Révolution. Aujourd'hui il ne reste visible de l'ancien couvent des Bénédictins que le beau **cloître** à deux étages de galeries et le pavillon où résidait Anne d'Autriche.

SAINT-MÉDARD - L'église s'élève au bout de la rue Monge, en face de la caractéristique et populaire rue Mouffetard. Dédiée à saint Médard, conseiller des rois mérovingiens, elle fut commencée au XVe siècle et terminée en 1655 seulement. La **façade** présente une immense fenêtre de style gothique flamboyant, de même que la grande nef, tandis que le chœur est Renaissance. Plusieurs œuvres d'art intéressantes sont conservées dans cette église dont un *Saint Joseph et l'Enfant-Jésus*, attribué à Zurbarán et un *Christ mort*, de Philippe de Champaigne.

MANUFACTURE DES GOBELINS - Au 42 de l'avenue des Gobelins se trouve la manufacture de tapisseries célèbre dans le monde entier. Dans cet édifice s'installa, en 1440, un teinturier du nom de Jean Gobelin qui créa là sa petite fabrique. En 1601, celle-ci fut cédée par ses héritiers à deux tapissiers flamands de Bruxelles que le roi Henri IV fit venir à Paris. Puis, en 1662, Louis XIV chargea Colbert d'y regrouper les diverses teintureries de la ville, qui devinrent ainsi en 1667 la "Manufacture Royale des Tapisseries de la Couronne", à laquelle s'ajouta cinq ans plus tard la Manufacture Royale des Meubles. Plus de 5.000 tapisseries de grande valeur furent exécutées ici d'après les dessins des grands maîtres (Poussin, Van Loo, Boucher, jusqu'à Picasso). Depuis le XVIIe siècle l'organisation et les méthodes artisanales de la Manufacture sont restées inchangées. On peut visiter les ateliers et la Galerie où sont exposées des tapisseries du XVIIe et du XVIIIe siècles. Le musée, réalisé en pierre et en brique, fut construit entre 1912 et 1918, par Jean-Camille Formigé.

Au bout de l'avenue des Gobelins, s'ouvre l'espace circulaire de la **place d'Italie**, autrefois douane de Paris et aujourd'hui centre très actif d'un quartier en plein essor. De là, le long du boulevard Vincent Auriol, on arrive à ce qui, dans les années Deux Mille, se présente comme le plus grand projet urbanistique de Paris; à savoir, le **quartier Seine-Rive Gauche**, avec le nouveau **pont Charles de Gaulle**, le trente-septième pont parisien, en forme d'aile d'avion, et, surtout avec la Bibliothèque Nationale de France.

BIBLIOTHÈQUE NATIONALE DE FRANCE - Inaugurée officiellement le 17 décembre 1996 par Jacques Chirac, la Bibliothèque est en fait un vœu de son prédécesseur, François Mitterand, à l'époque de son second mandat.
La Bibliothèque Nationale de France, que les Parisiens préfèrent appeler TGB (Très Grande Bibliothèque) se dresse dans le quartier de Tolbiac. Conçue par un jeune architecte, Dominique Perrault, elle occupe une surface de près de huit hectares. Les quatre tours aux angles, telles des livres ouverts, mesurent quatre-vingt mètres de haut et abritent les livres: douze millions au total. Ces livres proviennent de l'ancienne Bibliothèque Nationale de la rue Richelieu qui n'a conservé que les manuscrits et les éditions rares.

Après avoir passé le boulevard Vincent Auriol, on arrive au plus grand centre hospitalier de Paris, l'**Hôpital de la Salpêtrière**. C'était autrefois une poudrerie, que Louis XIV fit transformer en hôpital en 1684. Immense et majestueux, il est précédé d'un vaste jardin à l'italienne. Au centre, la coupole de la **chapelle Saint Louis,** surmontée d'une lanterne. L'intérieur est assez original: quatre nefs

La cour intérieure de la Salpêtrière, théâtre de tristes événements durant la Révolution.

Dans une allée du Jardin des Plantes, la statue de Charles Eugène Potron représentant Bernardin de Saint-Pierre.

disposées en croix grecque autour d'un transept. À l'Hôpital de la Salpêtrière, le jeune Freud étudia sous la direction de Charcot. Le boulevard de l'Hôpital se termine au **pont d'Austerlitz,** place Valhubert, dont un côté est occupé par la **Gare d'Austerlitz,** de 1869. Juste en face du pont se trouve le Jardin des Plantes.

JARDIN DES PLANTES - Son origine remonte à 1626, lorsque Hérouard et Guy de la Brosse, médecins de Louis XIII, créèrent un "Jardin Royal des herbes médicinales", ouvert au public en 1650. Un nouvel élan pour l'enrichissement des collections fut donné par le premier médecin de Louis XIV, Fagon, par le botaniste Tournefort et les trois frères de Jussieu qui parcoururent le monde à la recherche de nouvelles plantes. Mais ce fut surtout avec le grand naturaliste Buffon que le jardin connut sa plus grande splendeur. En effet, il étendit le parc jusqu'à la Seine, créa des galeries, le labyrinthe, l'amphithéâtre. À l'époque de la Révolution, le jardin devint le Musée National d'Histoire Naturelle. Grâce aux apports et au travail incessant de nombreux et éminents savants, il est devenu un des plus riches musées du monde.

Visite du jardin. Passée la grille, nous trouvons tout de suite le **Jardin botanique,** divisé en vastes parterres par de grandes allées. Ici se trouve l'**École de Botanique,** avec plus de 10.000 espèces de plantes rigoureusement classées; le **Jardin d'hiver,** avec ses plantes tropicales; le **Jardin alpin,** avec ses collections de plantes provenant des régions montagneuses et polaires (Himalaya, Alpes, etc.).

MUSÉE D'HISTOIRE NATURELLE - Il se trouve au-delà de l'allée de gauche et regroupe plusieurs sections: celle de *Paléontologie* (fossiles, animaux préhistoriques, moulages d'espèces disparues), celle de *Botanique,* et celle de *Minéralogie* (pierres précieuses, minéraux, météorites) et celles des *Collections cynégétiques du duc d'Orléans.* Dans le pavillon de *Zoologie,* squelettes, coquillages et animaux embaumés. Près de ce pavillon, outre les *Serres* (avec des plantes provenant d'Amérique du Sud, de l'Australie, etc.), se trouve le *Labyrinthe,* avec des plantes rarissimes, parmi lesquelles le cèdre du Liban planté en 1734 par Bernard de Jussieu. Il est aussi intéressant de visiter les *Ménageries,* vastes cages présentant oiseaux, singes, fauves, éléphants, etc.

MOSQUÉE - Près du Jardin des Plantes, avec son entrée place du Puits-de-l'Ermite, se trouve la Mosquée, original coin d'Orient au beau milieu du cœur du vieux Paris, qui ne manquera pas d'attirer la curiosité de nombreux touristes. Il faut voir la **cour** de style hispano-mauresque, le **patio,** inspiré de celui de l'Alhambra de Grenade, et la **salle de prières,** ornée de tapis précieux. Elle fut construite entre 1922 et 1926.

ARÈNES DE LUTÈCE - Avec leur entrée au n° 49 de la rue Monge on trouve ici les arènes romaines de la ville de Paris. Nous ne savons pas avec précision quand fut construit ce monument d'origine gallo-romaine: peut-être aux environs des IIe-IIIe siècles. Les Arènes furent endommagées par les Barbares en 280 et retrouvées en 1869. Au début du XXe siècle elles furent restaurées et réaménagées en parc. Ces arènes faisaient office d'amphithéâtre (pour les jeux du cirque) et de théâtre en même temps. La "cavea" était de forme elliptique, avec 36 rangs de gradins, dont beaucoup ont disparu.

SAINT-NICOLAS-DU-CHARDONNET - Consacrée à saint Nicolas, protecteur des bateliers, elle fut construite en style baroque entre 1656 et 1709. À l'extérieur, beau *portail latéral* sculpté d'après un dessin de Le Brun.
Intérieur. De style jésuite, elle a une nef avec des bas-côtés, un chœur et un déambulatoire. Elle renferme de nombreuses œuvres d'art: dans la première chapelle à droite, une toile de Corot représente le *Baptême de Jésus;* dans le déambulatoire, on voit dans la deuxième chapelle de droite, le *tombeau de l'avocat général Jérôme Bignon,* par Girardon.

Le minaret de la Mosquée de Paris mesure 26 mètres de haut et s'inspire de celui de la mosquée de Fez.

8ème Itinéraire

PLACE DE L'HÔTEL DE VILLE - Elle prit son aspect actuel en 1853. De 1310 à 1380 son vaste espace fut le lieu des exécutions capitales (le brigand Cartouche y fut justicié en 1721). Encadrée par la rue de Rivoli d'un côté et par la Seine de l'autre, elle est entièrement dominée par la large façade de l'Hôtel de Ville.

HÔTEL DE VILLE

Le vieux et glorieux Hôtel de Ville, aujourd'hui siège de la Municipalité de la ville, occupe l'emplacement d'un précédent édifice du XVIe siècle, dessiné par Dominique de Cortone, construit dans le style Renaissance, mais détruit par un incendie à l'époque de la Commune en 1871. L'actuelle construction s'inspire de cet édifice disparu. Exécuté d'après un projet de Deperthes et Ballu, il fut terminé en 1882. Il se compose de plusieurs pavillons surmontés de coupoles en tronc de pyramide, avec une forêt de statues disséminées partout. On en compte 136 sur les quatre façades du palais; sur une terrasse se trouve celle qui représente Étienne Marcel, Prévôt des marchands de Paris et responsable des désordres qui agitèrent la ville au XIVe siècle. À l'intérieur de l'édifice, les soldats de la Convention arrêtèrent Robespierre et ses fidèles, le 27 juillet 1794.

Rue St. Gilles

Place des Vosges

Rue de Turenne

Rue des Tournelles

Boulevard Beaumarchais

Rue Saint Antoine

L'église Saint-Gervais-Saint-Protais dans une gravure ancienne.

SAINT-GERVAIS - SAINT-PROTAIS - Dédiée aux saints Gervais et Protais, deux frères martyrs sous Néron, l'église s'élève aujourd'hui sur une petite place derrière l'Hôtel de Ville. Sa construction, en style gothique flamboyant, fut commencée en 1494 et terminée en 1657. Sa **façade,** imposante dans son classicisme fut exécutée entre 1616 et 1621 par Métezeau (ou par Salomon de Brosse, selon une autre thèse): elle comporte trois ordres de colonnes, de style dorique, ionique et corinthien. **Intérieur.** À trois nefs sur piliers avec transept, chœur, déambulatoire et chapelles latérales. Superbes vitraux du XVIe siècle. Au-dessus du portail central se trouve un orgue construit en 1601. Nombreuses œuvres d'art: un tableau de Sebastiano Ricci, la *Tombe de Marcel Le Tellier,* chancelier de Louis XIV, un beau retable représentant la *Mort de la Vierge.* Dans la **Chapelle Dorée,** datant de 1628, de précieux panneaux peints encaissés dans un revêtement de bois. Adossée à un pilier, une *Vierge à l'Enfant,* œuvre gothique en pierre polychrome.

RUE DES ARCHIVES - Cette rue, qui va de la rue de Rivoli au square du Temple, longe l'aristocratique et vieux **quartier du Marais,** qui devint le centre élégant et mondain de Paris au début du XVIIe. C'est ici, en effet, que naît et se développe ce type d'**hôtel** français caractéristique, qui est un édifice classique, avec cour et jardin. Lorsque par la suite la mode et le «beau monde» se déplacèrent d'abord dans l'Île Saint-Louis puis dans le faubourg Saint-Germain, le déclin du quartier commença et il finit par être complètement abandonné avec la prise de la Bastille.
Aujourd'hui, après avoir connu un véritable renouveau architectural et urbain, le Marais est redevenu le "bon salon" de Paris, une concentration élégante d'art et de mode, de musées et de bonnes tables. Au n° 22 se trouve l'**église des Billettes** (1756), tandis qu'au numéro suivant nous pouvons visiter le seul cloître médiéval resté à Paris. En continuant, nous trouvons au n° 60 l'**Hôtel Guénégaud,** construit entre 1648 et 1651 par François Mansart et restructuré au XVIIe siècle. Il abrite le **Musée de la Chasse,** riche de collections d'armes de chasse, de la préhistoire à nos jours.

ARCHIVES NATIONALES - Ce sont les édifices les plus importants de cette rue et les plus riches archives du monde: une collection de 6 milliards de documents qui permettent de connaître l'histoire de France de l'époque mérovingienne à aujourd'hui. De nos jours, les Archives sont installées dans l'**Hôtel de Soubise** et dans l'**Hôtel de Rohan.**

HÔTEL DE SOUBISE - L'entrée du palais se trouve au n° 60 de la rue des Francs-Bourgeois: de celle-ci on passe dans la cour d'honneur, en forme de fer à cheval, d'où l'on admire la façade avec les *statues des Saisons*. Au premier étage se trouvent les splendides appartements du prince et de la princesse de Soubise, peints à fresque par les meilleurs peintres de l'époque (Boucher, Van Loo, etc.), et ornés de boiseries par les meilleurs sculpteurs (Lemoyne, Adam, etc.). Les documents rassemblés ici constituent le **Musée de l'Histoire de France.** On y trouve, entre autres, les actes de fondation de la Sainte-Chapelle et de la Sorbonne, l'Édit de Nantes et sa Révocation, une des six lettres écrites par Jeanne d'Arc, le premier catalogue du musée du Louvre, daté du 10 août 1793, et le testament de Napoléon.

MUSÉE PICASSO

Inauguré en 1985, le Musée se trouve au n° 5 de rue de Thorigny dans l'Hôtel Salé, construit en 1656 par J. Boullier pour Aubert de Fontenay, collecteur de l'odieuse gabelle (d'où le nom donné à l'édifice).
On y a exposé les "Picasso de Picasso", c'est-à-dire les sculptures et les peintures dont le grand peintre espagnol, mort en 1973, n'a jamais voulu se séparer: quelque 200 peintures, 158 sculptures, 88 céramiques, plus de 3.000 autres pièces (dessins, gravures et ébauches) et enfin un nombre incroyable de lettres, objets, photos, manuscrits. De plus, on y a ajouté la collection personnelle de

L'entrée du Musée Picasso, dans l'Hôtel Salé.

Picasso, conservée jusqu'à présent au Louvre: des œuvres de Cézanne, Renoir, Braque, Modigliani, Matisse. Parmi les nombreuses œuvres exposées, *l'Autoportrait bleu* de 1901, les *Trois femmes sous un arbre* peintes entre 1907 et 1908, le *Grand nu au fauteuil rouge,* la *Crucifixion* de 1930 et la *Composition au papillon* de 1932, qu'on croyait disparue. Toutes ces œuvres ont été cédées à l'État par les héritiers du génie espagnol pour payer les impôts de succession sur les propriétés que Picasso leur avait laissées en France.

HÔTEL DE ROHAN - L'entrée de l'Hôtel se trouve au 87 de la rue Vieille-du-Temple; il communique par un jardin avec le palais Soubise, sur lequel donne la façade principale de l'édifice. Dans la cour de droite, au-dessus des anciennes écuries, les magnifiques *Chevaux d'Apollon,* chef-d'œuvre de Robert Le Lorrain. Un grand escalier mène aux appartements du premier étage. Il faut remarquer en particulier le luxueux *Salon Doré* et l'original *Cabinet des Singes,* décoré par Huet (1749-1752).

RUE DES FRANCS-BOURGEOIS - Cette autre rue importante du quartier s'appelait d'abord rue des Poulies. En 1334, on y fonda des "maisons d'aumône" où trouvaient asile les citoyens qui ne payaient pas d'impôts à cause de leurs maigres ressources et appelés pour cela "francs bourgeois". La rue, qui de la rue des Archives va jusqu'à la place des Vosges, est bordée elle aussi de palais aristocratiques. Au n° 53 se trouve l'entrée du chevet de **Notre-Dame des Blancs-Manteaux** (splendide exemple de *chaire* en bois sculpté incrusté d'ivoire, travail flamand de 1749 de style rococo). Il faut voir aussi l'**Hôtel Hérouet,** habitation de Jean Hérouet, trésorier de Louis XII pour sa tourelle en encorbellement de 1510. Au n° 31, l'**Hôtel d'Albret**, du XVIe siècle mais restauré au XVIe, présente une belle façade remaniée au XVIIIe. En continuant, nous trouvons à l'angle de la rue Pavée l'**Hôtel de Lamoignon.** Construit entre 1594 et 1598 pour Diane de France (fille légitimée d'Henri II), il devint en 1688 la demeure de Lamoignon, président du premier Parlement de Paris. Alphonse Daudet y habita également. Le corps principal de bâtiment est divisé par six colonnes corinthiennes, sa façade donne sur le jardin. Ce palais est le siège de la **Bibliothèque Historique de la Ville de Paris** qui contient 500.000 documents.

HÔTEL CARNAVALET - L'entrée de cet hôtel, siège d'un musée les plus intéressants de la ville, se trouve au n° 23 de la rue de Sévigné. Le Musée occupe deux bâtiments reliés par un couloir: l'Hôtel Carnavalet et l'Hôtel Le Peletier de Saint-Fargeau dont le premier est l'un des plus beaux de la capitale. Construit en 1544 en style Renaissance enrichi d'une superbe décoration plastique signée Jean Goujon, il fut remanié en 1655 par François Mansart qui le rehaussa d'un étage et lui donna son aspect actuel. En 1677, il fut pris en location par la femme de lettres Marie de Rabutin, plus connue sous le nom de Marquise de Sévigné; puis au siècle suivant il devint le siège du Musée du même nom qui, par des documents historiques d'une importance et d'une rareté exceptionnelles illustre l'histoire de Paris à travers les personnages historiques, les monuments et les costumes de Henri IV à nos jours. De la porte principale (XVIe siècle - les *lions* et l'*Abondance* de la clé de voûte sont de Jean Goujon) on accède à la Cour, au centre de laquelle se trouve la *statue en bronze de Louis XIV* par Coysevox (1689). Seul le

L'Hôtel Carnavalet tel qu'il se présentait au milieu du XVIIIe siècle.

Une des cours intérieures de l'hôtel.

corps de logis du fond est encore de style gothique, tandis que les *reliefs des Quatre Saisons* se réclament de la Renaissance et sont dus à l'école de Jean Goujon.

MUSÉE CARNAVALET

On accède au Musée directement par la cour, sur la droite. Les premières salles (salle 1 à 4) sont consacrées aux premiers siècles de l'histoire de Paris; c'est-à-dire de l'époque gallo-romaine à la fin du Moyen Âge (à ne pas perdre: le *trésor de Nanterre*). Suivent six salles présentant la ville au XVIe siècle, à travers de nombreuses vues de Paris, dont une *Rencontre galante* de l'école flamande et une *Procession de la Ligue Catholique sur l'Île de la Cité* en 1593.

La vie parisienne sous Louis XIII et Louis XIV est décrite au fil des treize premières salles du premier étage: la ville grandit rapidement, se transforme, s'enrichit, comme le montrent, dans les salles 19 et 20, le *Grand Cabinet* et la *Grande Chambre* provenant de l'Hôtel de la Rivière, place des Vosges, où travaillèrent l'architecte Le Vau et le peintre Le Brun.

Les salles qui suivent (dont certaines occupent l'appartement que Madame de Sévigné habita pendant vingt ans) sont consacrées à la capitale au XVIIe et au XVIIIe siècle, jusqu'à la fin du règne de Louis XV. Intéressantes, les *vingt vues de Paris* peintes par Nicolas Raguenet, essentielles pour la connaissance du tissu urbain parisien à cette époque (salle 29).

Le premier étage se termine par deux grandes sections: la maison parisienne à l'époque de Louis XV (boiseries provenant, entre autres, de l'Hôtel de Broglie, de l'Hôtel Brulart de Genlis et de l'Hôtel de l'Aubespine; mobilier d'époque et décorations en rocaille) jusqu'à la salle n° 48, et Paris et la maison parisienne jusqu'au règne de Louis

Une vue de l'intérieur de l'hôtel et un bel hermès doré.

Jean Béraud: La Soirée (vers 1880).

XVI (*L'Incendie de l'Opéra au Palais Royal*, le *Pont de Neuilly* par Hubert Robert et, surtout, dans la salle 58, le *Salon* que le graveur Demarteau commanda en 1765 à Boucher et à Fragonard), jusqu'à la salle n° 64.

Les collections concernant la période de la Révolution et les deux derniers siècles ont été regroupées et sont exposées à l'Hôtel Le Peletier de Saint-Fargeau, sur trois étages. Les douze salles du deuxième étage abritent les collections révolutionnaires les plus riches et les plus importantes de France.

Parmi les pièces les plus intéressantes, citons l'*acte d'accusation de Louis XVI* et la *clé du Temple*, où fut enfermée la Famille Royale, la toilette et la chaise dont se servit Marie-Antoinette dans la Tour du Temple (sur la tablette se trouvent des *flacons de parfum* et une *miniature du Dauphin* que la Reine exécuta durant sa captivité), le *plat-à-barbe* et les *rasoirs* de Louis XVI, le *jeu de loto* et un *cahier de devoirs* du Dauphin, une *maquette de guillotine*, la *feuille d'appel à la Section des Piques* que Robespierre était en train de signer quand on vint l'arrêter (on voit encore les deux premières lettres du nom et les taches de sang du tribun).

La visite se poursuit à travers les salles 115 à 125, au premier étage; on y découvre Paris sous le Premier Empire (*Portrait de Madame Récamier* par F. Gérard) et jusqu'à la révolution de 1848 (portraits d'hommes célèbres de l'époque).

Suivent, toujours au premier étage, les salles 126 à 147 consacrées à Paris du Second Empire jusqu'à nos jours. Une des plus belles pièces est certainement le décor de la Bijouterie Fouquet, exécuté par Alphonse Mucha en 1900 pour le nouveau magasin que le bijoutier Fouquet ouvrit au 6 de la rue Royale. Et encore, le somptueux ensemble décoratif de la salle de bal que le peintre catalan José-Lluis Sert réalisa en 1925 pour l'hôtel parisien de la famille de Wendel.

PLACE DES VOSGES

C arré parfait de 108 m de côté, elle est complètement fermée par trente-six anciens et caractéristiques palais, au rez-de-chaussée à arcades surmonté des files de fenêtres de leurs deux étages. Au centre de la place, au milieu des arbres et des parterres, la *statue en marbre de*

Un des accès à la place des Vosges.

Place des Vosges, en plein cœur du Marais.

Louis XIII à cheval, copie de celle de P. Biard qui fut détruite pendant la Révolution. La place s'étend sur l'emplacement de l'ancien Hôtel des Tournelles, où Henri II trouva la mort au cours d'un tournoi, en 1559. Commencée par Henri IV en 1607 elle fut terminée en 1612. Au milieu du côté sud se trouvait le luxueux **Pavillon du roi,** réservé à Henri IV, tandis qu'en face se dressait celui de la reine. Au n° 1 bis naquit Madame de Sévigné, au n° 2 habita Richelieu, au n° 6 se tient le vieil **Hôtel de Rohan-Guéménée** où Victor Hugo habita de 1832 à 1848. Aujourd'hui se trouve là le **Musée Victor Hugo** où sont rassemblés les souvenirs et témoignages les plus importants de sa vie et 350 dessins qui attestent de la valeur de cet homme de génie aux multiples facettes.

RUE SAINT-ANTOINE - C'est la suite de la rue de Rivoli, elle va jusqu'à la Bastille. Élargie au XIVe siècle, elle devint un lieu de promenade et de rendez-vous. Ici, en 1559, Henri II organisa un tournoi pour fêter le mariage de sa fille, mais fut touché à l'œil par la lance de son capitaine des Gardes écossaises Montgoméry et, transporté dans l'Hôtel des Tournelles, y mourut.

SAINT-PAUL- SAINT-LOUIS - C'est un autre bel exemple d'église de style jésuite, le plus ancien après celui du couvent des Carmes. En effet, il fut construit entre 1627 et 1641 et son aspect baroque s'inspire de l'église du Gesù à Rome. Sa façade est si haute, dans la superposition de ses ordres de colonnes, qu'elle

cache le dôme. Particularité que nous rencontrons rarement par la suite (Dôme des Invalides, Sorbonne, Val-de-Grâce) le dôme restera visible. **Intérieur.** Très lumineux, c'est une nef unique, avec des chapelles qui communiquent entre elles. À la croisée de transept, une belle coupole surmontée d'une lanterne. L'église possédait de nombreuses œuvres d'art, dont beaucoup, malheureusement, ont disparu durant la Révolution, entre autres les reliquaires contenant les cœurs de Louis XIII et de Louis XIV, qui furent fondus. Dans le transept, trois tableaux du XIIe siècle, représentant des *Scènes de la vie de Saint Louis.*

La façade de l'église Saint-Paul-Saint-Louis.

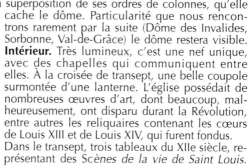

La belle façade de l'Hôtel de Béthune-Sully.

Le quatrième, perdu, a été remplacé par un tableau de Delacroix (1827), le *Christ au Jardin des Oliviers*. Une statue de Germain Pilon (XVIe siècle) représentant une *Vierge de douleurs* se trouve dans la chapelle à gauche du chœur.

Dans la rue Saint-Antoine toujours, nous trouvons au n° 62 l'**Hôtel de Béthune-Sully** (dit Hôtel de Sully). Construit en 1624 par Du Cerceau, il fut acheté en 1634 par le duc de Sully, ancien ministre d'Henri IV. De nos jours il est en partie le siège de la Caisse Nationale des Monuments Historiques. La cour d'honneur est un des plus beaux exemples de style Louis XIII: les frontons sont décorés et les lucarnes sculptées; une suite de statues représentent les *Eléments* et les *Saisons*. Par un petit jardin on peut accéder à la place des Vosges.

PLACE DE LA BASTILLE

L a rue Saint-Antoine se termine ici, sur cette place rendue fameuse par les souvenirs de la Révolution. Ici, en effet, se dressait une lourde forteresse, dont la construction commencée par Charles V en 1370 fut terminée en 1382. Par la suite, elle devint Prison d'État: parmi les prisonniers célèbres figurèrent Cagliostro, Fouquet et le mystérieux personnage passé à l'histoire sous le nom de "Masque de Fer". La triste forteresse devint ainsi le premier objectif, et le plus significatif, de l'insurrection populaire qui éclata le 14 juillet 1789, lorsque des milliers de Parisiens furieux marchèrent contre ce qu'ils considéraient comme le symbole de l'absolutisme monarchique. La Bastille, dont le gouverneur de Launay n'avait sous ses ordres que 32 Suisses et 82 invalides, fut en peu de temps aux mains du peuple: le gouverneur tué et le prisonnier (sept seulement) libérés. Le lendemain on commença la démolition; une fois terminée, on dansa longtemps sur ce qui avait été les fondations de la terrible Bastille. Aujourd'hui, une ligne ondulée sur le pavé de la place marque le périmètre de l'ancienne forteresse. Au centre de la place se dresse la **colonne de Juillet,** construite entre 1831 et 1840 en souvenir des Parisiens tués au cours des journées de juillet 1830. Leurs corps et ceux des victimes de février 1848 sont enfermés dans le socle de marbre, et leurs noms gravés sur le fût de la colonne. Au sommet de la colonne (on y monte par un escalier de 238 marches), à 52 m de haut, le *Génie de la Liberté:* de là, on jouit d'une vue superbe sur le quartier du Marais, la Cité et la Montagne Sainte-Geneviève.

OPÉRA-BASTILLE - Inaugurée à la date symbolique du 14 juillet 1989, pour le Bicentenaire de la Révolution, l'Opéra-Bastille fut conçu par Carlos Ott. Il se caractérise par une façade incurvée en verre derrière laquelle se trouve le grand auditorium qui peut accueillir 2.700 personnes et dont la scène est pivotante.

BIBLIOTHÈQUE DE L'ARSENAL - Au n° 1 de la rue de Sully. C'est Sully qui fit construire l'édifice en 1594, tandis que c'est à Philibert Delorme que l'on doit la reconstruction de la façade. La bibliothèque fut créée en 1757 par le ministre de la guerre, le marquis Paulmy d'Argenson, et fut enrichie par la suite par le comte d'Artois, le futur Charles X. Elle compte aujourd'hui plus d'un million et demi de volumes, 120.000 estampes, 15.000 manuscrits, de nombreux livres enluminés et d'importants documents sur l'histoire du théâtre. Les salles sont décorées de belles peintures du XVIIIe siècle. Il vaut la peine de visiter l'appartement de Charles Nodier, qui fut bibliothécaire de 1824 à 1844.

HÔTEL DE SENS - Au n° 1 de la rue du Figuier, nous trouvons un second et splendide exemple, après l'Hôtel de Cluny, de grande demeure du Moyen Âge. Il fut édifié entre 1475 et 1507 pour être la résidence des archevêques de Sens (dont l'évêché de Paris dépendit jusqu'en 1622). Il fut très restauré en 1911, lorsqu'il devint propriété de la Ville de Paris.
La façade est ornée de tourelles d'angle, de fenêtres à fleuron et de lucarnes à décoration de style gothique flamboyant. On passe sous la grande porte à arc en ogive et on pénètre dans la cour avec sa caractéristique tour d'escalier. Dans l'Hôtel de Sens se trouve la **Bibliothèque Forney,** qui possède de nombreux documents techniques et scientifiques et des collections d'affiches.

L'Hôtel de Sens et la Colonne de Juillet, au centre de la place de la Bastille; dans le fond, le bâtiment moderne de l'Opéra-Bastille.

9ème Itinéraire

Beaubourg et Les Halles

PLACE DU CHÂTELET - La place tire son nom d'une ancienne forteresse, le Grand Châtelet, édifiée pour défendre le voisin pont au Change, et détruite sous Napoléon Ier. Par contre, c'est à Napoléon III que la place doit son aspect actuel. Au centre, la **Fontaine du Châtelet** (ou de la Victoire ou du Palmier) avec son socle de 1858 orné de sphinx et de statues. La colonne, de 1808, fut érigée pour rappeler les victoires de Napoléon Ier. La place est encadrée par deux théâtres, œuvre tous deux de Davioud. À droite (en tournant le dos à la Seine), le **Théâtre de la Ville** et à gauche le **Théâtre du Châtelet** qui, avec ses 3.600 places est la plus grande salle de la ville.

Éléments décoratifs de la place du Châtelet et la fontaine: aujourd'hui et dans un tableau d'Étienne Bouhot.

TOUR SAINT-JACQUES - Elle domine toute la place et c'est tout ce qui reste de l'ancienne église de Saint-Jacques-la-Boucherie, détruite en 1797. Elle fut construite entre 1508 et 1522, mesure 52 m de haut et est de très pur style gothique flamboyant. D'étroites fenêtres alternent avec des niches surmontées de flèches et de pinacles, entre lesquels on peut voir de nombreuses statues. Celle qui est au sommet de la tour représente *Saint Jacques-le-Majeur* (Chenillon, 1870). Une autre statue représentant *Pascal* est placée à la base de la tour, sous les voûtes, pour rappeler l'expérience barométrique faite par celui-ci en 1648. La tour est aujourd'hui le siège d'une station climatologique.

SAINT-MERRI - Au n° 76 de la rue de la Verrerie se trouve l'entrée de l'église Saint-Merri ou Saint-Médéric, qui mourut ici au VIIe siècle. Commencée en 1520 elle fut terminée en 1612, dans un curieux style flamboyant. La **façade** a subi diverses restaurations, aux XVIIe et XVIIIe siècles. Aujourd'hui, son portail est orné de statues modernes et elle est flanquée d'un campanile du XVIIe siècle. **Intérieur.** Une nef, un bas-côté à gauche et un double bas-côté à droite. Il y a eu plusieurs restaurations: sous Louis XV, l'architecte Boffrand et les frères Slodtz démolirent le jubé, transformèrent les arcs brisés en arcs en plein cintre, couvrirent les piliers du chœur de stucs dorés et de marbres. Il reste encore de beaux vitraux du XVIe siècle dans le transept et dans le chœur et la voûte à nervures à la croisée de transept. L'église contient de belles œuvres d'art: un orgue du XVIIe siècle, une *Vierge à l'Enfant* de Van Loo et des boiseries des frères Slodtz, dans le chœur et dans la sacristie.

FONTAINE DES INNOCENTS - C'est un des chefs-d'œuvre de la Renaissance française, dessinée par Pierre Lescot et sculptée par Jean Goujon; édifiée entre 1547 et 1550, elle est la plus ancienne fontaine de Paris. C'est un édicule carré, dont chaque face s'ouvre en arcades classiques aux nombreux bas-reliefs représentant des nymphes, des génies marins, des tritons, des victoires. À l'origine, la fontaine se trouvait à l'angle

La tour Saint-Jacques et l'église Saint-Merri.

La Fontaine des Innocents sous sa forme actuelle.

126

de la rue Saint-Denis et de l'actuelle rue Berger; étant ainsi adossée à un mur, elle ne montrait que trois faces. La quatrième fut sculptée par Pajou et ajoutée en 1788, lorsque la fontaine fut transportée au milieu de la place.

LA BOURSE DE COMMERCE
- Autrefois marché au grain, la Bourse de Commerce fut bâtie en 1765 par le prévôt des marchands.

Une vue de la Bourse de Commerce et L'Écoute, sculpture signée Henri de Miller.

Elle se présente aujourd'hui comme un imposant édifice circulaire que rythme un ordre monumental de pilastres. Les bureaux forment une couronne autour de la grande salle intérieure que coiffe une coupole en verre et acier. Les travaux d'aménagement entre la Bourse et l'église Saint-Eustache ont donné naissance à des structures ultramodernes et à des espaces publics que viennent agrémenter des œuvres d'art contemporain, comme *L'Écoute* de Henri de Miller: une tête colossale qui semble tendre l'oreille à la vie qui l'entoure.

FORUM DES HALLES

L es Halles étaient le plus vieux quartier de Paris, le plus animé, le plus vivant; Émile Zola le définit, avec une expression colorée, comme le «ventre de Paris»; c'est là en effet que se dressait autrefois le marché des denrées alimentaires de la ville: dix pavillons d'acier, de fer et de fonte. Lorsqu'en mars 1969 le marché fut transféré à Rungis, le quartier sembla perdre tout d'un coup sa vivacité et sa fonction. Il fallait lui donner une nouvelle vie. C'est ainsi que commença la plus grande œuvre de transformation qu'a jamais connue le cœur d'une ville avec une nouvelle conception de l'espace urbain, là où avant la ville allait s'alimenter, surgissait une nouvelle forme de culture et de commerce: le Forum, plus de 40.000 m^2 de verre et d'aluminium, des escaliers rou-

Deux vues des Halles: au siècle dernier et à l'heure actuelle, avec les structures modernes du Forum alliant verre et acier.

lants et de marbre, qui relient quatre niveaux souterrains autour d'une place quadrangulaire en plein air. Inauguré le 4 septembre 1979, d'après le projet des architectes Claude Vasconi et Georges Pencreac'h. Au Forum on trouve magasins et boutiques de vêtements, d'objets d'art, de gastronomie et d'objets pour la maison; mais aussi loisirs, restaurants, cinémas, banques et bureaux de renseignements.

Presque toute la surface du centre commercial s'ouvre sur des galeries couvertes par de grandes baies vitrées; ainsi donc la lumière du jour pénètre et se propage à tous les niveaux. De plus, il y a une gare souterraine desservie par quatre lignes de métro et deux du RER.

BEAUBOURG (Centre Georges Pompidou)

Pour la quasi totalité des visiteurs et des touristes, le "Centre National d'Art et de Culture Georges Pompidou" est aujourd'hui, plus simplement: Beaubourg.

Situé entre les rues Rambuteau et Saint-Merri et les rues Saint-Martin et du Renard, Beaubourg, avec son architecture audacieuse, fait désormais partie de notre culture et de notre civilisation. En 1969, le président de la République, Georges Pompidou, décida de donner vie à un important centre culturel dans la zone appelée «plateau Beaubourg». On ouvrait un concours international auquel participèrent 49 pays avec non moins de 681 projets et qui fut remporté par celui de Renzo Piano et Richard Rogers. Les travaux commencèrent en avril 1972; l'inauguration solennelle par Giscard d'Estaing eut lieu le 31 janvier 1977. L'édifice - une "machine urbaine", ainsi qu'il a été défini - occupe une superficie de 100.000 m². L'idée révolutionnaire est que toutes les structures habituellement à l'intérieur d'un édifice, comme les escaliers mobiles, les ascenseurs, les sorties de sécurité, les canalisations verticales, ont été projetées ici à l'extérieur. Cette conception de l'évolution générale des espaces se projette aussi à l'intérieur: toute expression de l'art

contemporain fait partie de notre vie et doit être accessible à tout le monde et à tout instant. Beaubourg ne doit pas être considéré comme musée, c'est-à-dire conservation de l'œuvre d'art, mais plutôt comme lieu de rencontre et d'échanges entre les artistes et le public, entre le public et les choses; où tout un chacun peut librement se mouvoir et s'approcher des principales expressions de l'art et de la culture contemporains. Quelques notes curieuses. Beaubourg est plus haut et plus long que le

Un détail de l'architecture moderne de Beaubourg.

Extérieur du Centre Georges Pompidou.

Parthénon (il mesure, en effet, 42 m de haut et 166 de long); il compte 15.000 tonnes d'acier, contre les 7.000 de fer de la tour Eiffel; chaque conduite externe est peinte avec une couleur différente et chaque couleur correspond à une fonction donnée: ainsi le bleu correspond à la climatisation, le jaune à l'installation électrique, le rouge à la circulation et le vert aux circuits d'eau.

Pendant plus de deux ans, le bâtiment a subi de gros travaux de rénovation intérieure. On a repensé les espaces, la distribution des œuvres exposées et le parcours de l'exposition.

La réorganisation a également touché la **Bibliothèque Publique d'Information** qui occupe désormais la partie nord du premier niveau, tout le second niveau et une partie du troisième. Tout un chacun peut y consulter, gratuitement, quelque 350.000 documents imprimés à partir de 370 postes multimédia.

Le sixième niveau accueille un restaurant et diverses expositions temporaires, alors que tout le quatrième et le cinquième niveau sont consacrés au grand Musée National d'Art Moderne.

MUSÉE NATIONAL D'ART MODERNE - Sur ses 14.000 mètres carrés et plus, le musée peut exposer de façon permanente 1.4000 œuvres d'art.

Le quatrième étage, où les visiteurs sont accueillis par une grande œuvre de Jean Tinguely, est consacré à l'art contemporain; c'est-à-dire, de 1960 à nos jours.

Les collections contemporaines commencent avec le Pop Art américain des années Soixante (œuvres d'Andy Warhol, Claes Oldenburg, Roy Lichtenstein) et le Nouveau Réalisme (Raymond Hains, Tinguely, Niki de Saint-Phalle). Viennent ensuite tous les autres courants artistiques de la deuxième moitié du XXe siècle: art cinétique (Vasarely, Soto), art pauvre, art conceptuel, mouvement Cobra, Hyperréalisme et nouvelles tendances de la peinture figurative. Au cinquième étage sont exposées les 900 œuvres qui couvrent la période comprise entre le début du XXe siècle et les années Soixante: le groupe des Fauves (Derain, Vlaminck, Dufy, Matisse), les peintres allemands du mouvement "Die Brücke" (Kirchner et Emil Nolde), le Cubisme (Picasso, Braque, Morandi, Gris), le mouvement Dada, le Surréalisme, l'Abstrait.

Sur les terrasses du Centre Beaubourg - complètement refaites elles aussi, Renzo Piano a créé des écrans d'eau dans lesquels se reflètent les sculptures de Laurens, Calder et Mirò.

Outre le Musée d'Art Moderne et la Bibliothèque Publique, le Centre Pompidou comprend deux autres départements: celui pour le *Développement Culturel* (avec spectacles vivants, cinéma et audiovisuel) et le célèbre *IRCAM* (Institut pour la Recherche et la Coordination Acoustique-Musique). Situé sous la fontaine Igor Stravinsky, ce dernier a été créé par le compositeur Pierre Boulez pour développer les techniques nécessaires au renouvellement de la composition musicale moderne.

PLACE IGOR STRAVINSKY - Entre la place Georges Pompidou et la rue du cloître Saint-Merri, s'ouvre la place Igor Stravinsky, presque entièrement occupée par une fontaine gigantesque et co-

lorée signée Jean Tinguely, le sculpteur cinétique membre du groupe du Nouveau Réalisme, et Niki de Saint-Phalle.

LE QUARTIER DE L'HORLO-GE - Situé près du Centre Pompidou, le Quartier piétonnier de l'Horloge doit son nom, et sa renommée, à la célèbre œuvre de Jacques Monestier, installée à cet endroit en 1979. Alliant cuivre et acier, il s'agit d'une horloge à programmation électronique. Toutes les heures, un guerrier brandissant épée et bouclier combat contre animaux qui symbolisent trois éléments: un Dragon (la Terre), un coq (l'Air) et un Crabe (l'eau).

SAINT-EUSTACHE

La place Stravinsky égayée par sa célèbre fontaine et, dessous, la grande horloge et son "Défenseur du Temps".

Considérée comme la plus belle église de Paris après Notre-Dame, Saint-Eustache s'élève au bord des Halles. Sa construction fut particulièrement lente. La première pierre fut posée en 1532, mais l'église ne fut vraiment terminée qu'en 1637. Construite d'après un projet de Lemercier, elle combine de façon originale une structure gothique avec une décoration Renaissance. On peut suivre aisément la transition des styles surtout sur les côtés et dans l'abside, caractérisés par trois séries de fenêtres, de hauts piliers et de grands arcs rampants, tandis que les rosaces sont typiquement Renaissance.

Intérieur. Il est très imposant: près de 100 m de long, 44 de large et 33 de haut. Cinq nefs, transept et chœur. Dans la nef centrale, les arcades Renaissance en plein cintre sont flanquées de piliers polystyles; par contre, les voûtes de la nef, du chœur et du transept sont en gothique flamboyant. Un grand orgue (construit en 1844) se trouve au-dessus de l'entrée: on donne d'excellents concerts dans l'église. Dans une des chapelles du chœur se trouve le tombeau du célèbre ministre des Finances de

Le chevet de l'église Saint-Eustache avec la chapelle de la Vierge.

Louis XIV, Colbert: le sépulcre fut dessiné par Le Brun, Coysevox sculpta la statue de *Colbert* et celle de *l'Abondance,* et Tuby celle de *la Fidélité*. Des œuvres de Rubens, de Luca Giordano et du siennois Manetti se trouvent dans les autres chapelles.

RUE DE TURBIGO - C'est la rue qui mène des Halles à place de la République. Près d'ici, après avoir traversé la rue Étienne-Marcel, nous trouvons la **Tour de Jean-sans-Peur,** maintenant incorporée à un édifice scolaire (20, rue Étienne-Marcel). De forme quadrangulaire, couronnée de mâchicoulis (d'où l'on jetait de l'huile bouillante), elle fut érigée en 1408 par Jean-sans-Peur à la suite de l'assassinat du duc d'Orléans, qu'il avait lui-même ordonné.

RUE ST-DENIS - Percée au VIIe siècle, elle devint très vite la rue la plus riche de Paris. C'était en effet la rue que parcouraient les souverains lorsqu'ils faisaient leur entrée solennelle dans la ville et se rendaient à Notre-Dame; c'était aussi celle qu'ils parcouraient de nouveau, une fois morts, pour être enterrés à Saint-Denis.

SAINT-LEU-SAINT-GILLES - Au 92 de la rue Saint-Denis. L'église est dédiée à deux saints du VIe siècle: Leu, évêque de Sens, et Gilles, un ermite provençal. La construction de l'église remonte à 1320, mais elle a subi des restaurations et des remaniements. Deux tours à flèche enserrent la façade: le clocher de celle de gauche fut ajouté en 1858.
Intérieur. Riche en œuvres d'art. Sa voûte est de style gothique, tandis que le chœur est de style classique. Une de ses belles clés de voûte porte un groupe de marbre représentant la *Vierge avec Sainte Anne.*

SAINT-NICOLAS-DES-CHAMPS - Elle s'élève rue Saint-Martin, qui coupe elle aussi la rue Turbigo. Dédiée à saint Nicolas, un évêque venu d'Asie Mineure au IVe siècle, elle fut construite au

XVe siècle, puis agrandie au cours des deux siècles suivants. La façade et le clocher, en beau gothique flamboyant, ont été restaurés. Sur le flanc droit s'ouvre un beau **portail** Renaissance (1581), dont les formes gracieuses sont peut-être inspirées de celles d'une porte de l'Hôtel des Tournelles. L'abside, aux grandes fenêtres, est de ligne Renaissance.
Sortis de l'église, au n° 3 de la rue Volta nous trouvons la **plus vieille maison** de Paris, qui remonte au XIIIe ou XIVe siècle.

CONSERVATOIRE NATIONAL DES ARTS ET MÉTIERS - Au n° 292 de la rue Saint-Martin. Cet endroit était autrefois le siège de l'abbaye de Saint-Martin-des-Champs, érigée en 1061, reconstruite au XIIe siècle et de nouveau au XVe. Le Conservatoire, créé en 1794, s'y installa en 1799. De l'ancienne Abbaye il reste aujourd'hui le réfectoire et le chœur, tandis que le Conservatoire comprend une école et un musée. On entre dans la cour d'honneur: à droite se trouve le **réfectoire** de l'ancien couvent, aujourd'hui bibliothèque. Le réfectoire, du XIIIe siècle, est le chef-d'œuvre de Pierre de Montreuil. L'intérieur est admirablement divisé en deux nefs par sept élégantes colonnettes élancées. Ce vaisseau, de vastes dimensions (43 m sur 12), est de très pure ligne gothique. Les hautes fenêtres géminées, les voûtes en ogive, les proportions parfaites, font de cette salle un véritable joyau. Au milieu du côté droit s'ouvre une porte dont la face externe présente de merveilleuses sculptures.
De la cour d'honneur, on accède par un escalier au **Musée des Arts et Métiers** dont les machines d'époque, ou les modèles réduits, documentent le long cheminement de la technique et de l'industrie. Les collections permanentes sont exposées sur trois étages suivant un parcours à thème. Sept départements illustrent de façon globale l'évolution de la science: les instruments scientifiques, les matériaux, le bâtiment, la communication, l'énergie, la mécanique, les transports.

SQUARE DU TEMPLE - Ici s'élevait autrefois un ensemble d'édifices qui étaient le siège de l'ordre religieux et militaire des Templiers. L'Ordre des Templiers, fondé en 1118 en Terre Sainte et installé à Paris en 1140, eut un développement prodigieux. Indépendants de la Couronne, propriétaires de tout le quartier du Marais et très puissants financiers, les Chevaliers du Temple créèrent en peu de temps un véritable état dans l'État. Le 13 octobre 1307, Philippe-le-Bel fit emprisonner tous les Templiers de France et, en 1314, fit brûler vif le Grand-Maître Jacques de Molay et plusieurs chevaliers. L'Ordre ainsi supprimé, les édifices du Temple passèrent aux Hospitaliers de Saint-Jean-de-Jérusalem (ancien nom des Chevaliers de Malte). Ces derniers ayant été eux aussi chassés par la Révolution, le Temple devint la prison de la famille royale. Le 13 août 1792 en effet, Louis XVI, Marie-Antoinette, leurs deux enfants et la sœur du roi furent enfermés dans la Tour du Temple, haute de 45 m, avec des murs de 3 m d'épaisseur. Après l'exécution de la famille royale, afin d'éviter que l'endroit ne devienne un but de pèlerinage pour les monarchistes, on décida, en 1808, de démolir la Tour. Ensuite, l'enceinte se transforma petit à petit en marché en plein air, surtout d'objets d'occasion (dit le **Carreau du Temple**). En 1857, la place fut modifiée par Haussmann telle que nous la connaissons et on créa un marché couvert.

PLACE DE LA RÉPUBLIQUE - Aménagée en 1854 par Haussmann, la place est aujourd'hui envahie par un trafic intense. Au centre se dresse le **Monument de la République** de Morice (1883). Le socle est orné d'importants bas-reliefs de bronze représentant les grands faits de l'histoire de la République.

PLACE DE LA NATION - C'est l'ancienne place du Trône, qu'on appelait ainsi à cause du trône monumental qu'on y érigea le 26 août 1660 pour accueillir Louis XIV et son épouse, la jeune Marie-Thérèse, à leur entrée dans Paris. Durant la Révolution le trône fut abattu et on y dressa la guillotine: la place devint ainsi la "place du Trône-Renversé". Elle prit son nom actuel en 1880, lorsqu'y fut célébré le premier 14 juillet, fête nationale. De nos jours, au milieu de la place entourée de parterres se trouve un bassin avec un groupe en bronze du *Triomphe de la République,* de Dalou; destiné à la place de la République il fut placé ici en 1899. L'avenue du Trône, qui part de là, est encadrée de deux colonnes érigées par Ledoux, surmontées par les *statues de Philippe-Auguste et de Saint Louis.* Le prolongement de cette avenue, le cours de Vincennes, nous mène directement à Vincennes, la grande ville de banlieue avec son magnifique bois et son splendide château (voir page 146).

CIMETIÈRE DU PÈRE-LACHAISE

C'est le plus étendu des cimetières parisiens et aussi le plus important par le nombre de tombes de personnages illustres enfermées dans son paisible enclos de verdure. Il occupe une petite hauteur de 47 hectares environ. La visite de ses tombes est devenue une sorte de pèlerinage historique à travers la peinture, la poésie, la philosophie. Ici, en effet, se trouvent les tombes d'écrivains: *Musset, Molière, La Fontaine, Alphonse Daudet,* la famille *Hugo, Beaumarchais, Paul Éluard, Oscar Wilde, Marcel Proust, Guillaume Apollinaire, Balzac;* de musiciens: *Chopin* (son cœur est à Varsovie), *Bizet, Dukas, Cherubini;* de peintres; *Géricault, David, Corot, Modigliani, Delacroix, de Nittis, Ingres, Daumier, Seurat;* de philosophes et de savants: *Arago, Auguste Comte, Gay-Lussac, Allan Kardec* (le fondateur du spiritisme), *Héloïse et Abélard;* des militaires et des politiciens: *Masséna, Ney, Blanqui, Lecomte, Murat et Caroline Bonaparte;* des acteurs de théâtre et des chanteurs: *Édith Piaf, Isadora Duncan, Sarah Bernhardt, Adelina Patti* et *Jim Morrison,* chanteur mythique du célèbre groupe des Doors.

La statue de la République, au milieu de la place du même nom.

10ème Itinéraire

GRANDS BOULEVARDS

I l s'étendent sur plus de 4 km, formant un vaste arc de cercle de la place de la Bastille à la Madeleine. Ils furent aménagés au siècle dernier par Haussmann sur le tracé de la vieille enceinte de Charles V qui allait de la Bastille à la porte Saint-Denis, et des bastions de Charles IX et de Louis XIIII, qui allaient de la porte Saint-Denis à la Madeleine, et qui furent démolis à la fin du XVIIe siècle. Ils eurent une grande importance, durant tout le XIXe siècle et jusqu'au début du XXe, lorsqu'une foule élégante se répandait dans les luxueux cafés, les boutiques, les théâtres, qui bordaient, nombreux, les larges voies. Aujourd'hui, c'est surtout le caractère populaire et bruyant qui domine.

La porte Saint-Martin, sur le boulevard du même nom, et un détail de la décoration de l'arc.

BOULEVARD SAINT-MAR-TIN - Il part de la place de la République pour arriver à la porte Saint-Martin. Il est caractérisé par la présence de nombreux cinémas et théâtres, parmi lesquels le **Théâtre de la Renaissance** (1872) et, contigu à celui-ci, le **Théâtre de la Porte Saint-Martin** (1871). Ce dernier est demeuré célèbre parce que c'est là que triomphèrent la grande Sarah Bernhardt et Coquelin dans "Cyrano de Bergerac" (1897).

PORTE SAINT-MARTIN - C'est un arc de triomphe de 17 m de haut, érigé par Bullet en 1674 pour commémorer la prise de Besançon et la défaite des armées espagnoles, hollandaises et allemandes. À trois arcades, il comporte de nombreux bas-reliefs, sculptés par Le Hongre, Desjardins, Legros et Marsy, qui y représentèrent *la prise de Besançon* et *la rupture de la Triple Alliance* sur une face, et *la prise de Limbourg* et *la défaite allemande* sur l'autre.

PORTE SAINT-DENIS - Comme la précédente, cette porte est en forme d'arc de triomphe, à une seule arcade, et est aussi haute que large (24 m). Érigée en 1672 d'après un projet de Blondel, avec des sculptures des frères Anguier, elle veut célébrer les victoires de Louis XIV en Allemagne, lorsqu'en moins de deux mois le souverain français réussit à conquérir 40 places fortes. Les bas-reliefs allégoriques représentant *la Hollande* et *le Rhin* sont très beaux.

Le large boulevard continue ensuite par le **boulevard-de-Bonne-Nouvelle**. Par un escalier qui descend sur la gauche, on arrive à l'**église Notre-Dame-de-Bonne-Nouvelle,** dont le clocher est tout ce qui reste d'un sanctuaire qu'avait fait construire Anne d'Autriche. À l'intérieur, outre une belle *statue de la Vierge* (XVIIe siècle), se trouvent deux peintures originales sur bois du XIIe siècle, attribuées à Mignard: *Saint François de Sales, Henriette d'Angleterre et ses trois enfants* et *Anne d'Autriche et Henriette d'Angleterre.*

Après le **boulevard Poissonnière**, nous trouvons le **boulevard Montmartre,** un des plus encombrés, qui va de la rue Montmartre au boulevard des Italiens. Ici, au n° 10, se trouve le **Mu-**

sée Grévin, fondé en 1882 par le caricaturiste Alfred Grévin: véritable temple de la magie, le musée renferme les effigies en cire des personnages les plus célèbres de l'histoire ancienne et contemporaine, ainsi que des scènes fameuses. Près du musée, au n° 7, le **Théâtre des Variétés,** de 1807, règne du vaudeville et de l'opérette: on y représentait des auteurs comme Offenbach, Tristan Bernard, Sacha Guitry....

BOULEVARD DES ITALIENS - Avec la période du Directoire commença la grande splendeur de ce boulevard, splendeur qui dura pendant tout le Second Empire. De grands financiers, des journalistes célèbres et d'illustres hommes de lettres fréquentaient le *Café Anglais*, le *Café Tortoni*, le *Café Riche* (malheureusement disparu), au n° 16 se trouve à sa place la Banque Nationale de Paris.

OPÉRA-COMIQUE - Situé au bout du boulevard, sur la place Boieldieu, reconstruit par Bernier en 1898, après deux incendies. Dans le passé on y donnait surtout des «opéras-comiques» du répertoire italien: Mascagni, Rossini, Leoncavallo...

RUE LAFAYETTE - Elle part du boulevard Haussmann, à l'angle où se trouvent les *Galeries Lafayette* (un des plus importants Grands Magasins de la ville). C'est à son croisement avec la rue Le Peletier que se produisit l'attentat d'Orsini contre Napoléon III, le 14 janvier 1858.

BOULEVARD HAUSSMANN - Le boulevard porte le nom de celui qui rénova en grande partie la structure de la ville, le baron G. E. Haussmann, préfet de la Seine de 1853 à 1870. Cette large voie, commencée en 1857, fut terminée en 1926. Au n° 26 se trouve la maison où habita Marcel Proust de 1906 à 1919.

CHAPELLE EXPIATOIRE - Elle se trouve dans le square Louis XVI, enfouie dans la verdure d'un paisible jardin. Ici, en 1722, existait un petit cimetière. On y ensevelit les Suisses tombés aux Tuileries le 10 août 1792 et les victimes de la guillotine (plus de 1340), parmi lesquelles Louis XVI et Marie-Antoinette, dont les corps furent par la suite transportés à Saint-Denis, le 21 janvier 1815. C'est Louis XVIII qui fit construire la chapelle par Fontaine, entre 1815 et 1826. Elle est précédée d'un cloître et d'un petit jardin: à droite les *tombes de Charlotte Corday* et

L'intérieur de la coupole des Galeries Lafayette qui repose sur dix piliers métalliques.

L'extérieur de la chapelle où, selon la tradition, furent transportés les corps de Louis XVI et Marie-Antoinette.

de *Philippe Égalité.* À l'intérieur de la chapelle deux groupes en marbre. L'un, œuvre de Bosio (1826), représente *Louis XVI* et l'autre, de Cortot (1836) représente *Marie-Antoinette soutenue par la Religion,* qui a le visage de la sœur du roi, Élisabeth.

PLACE SAINT-AUGUSTIN - Elle s'ouvre au croisement du boulevard Haussmann avec le boulevard Malesherbes. Elle est dominée par l'imposante masse de l'**église Saint-Augustin,** construite par Balthard entre 1860 et 1871, dans un style curieux entre byzantin et Renaissance. Ici fut employée pour la première fois dans une église une armature métallique. En 1886 Charles de Foucauld s'y convertit.

MUSÉE JACQUEMART-ANDRÉ - Il se trouve au n° 158 du boulevard Haussmann, dans un élégant palais de la fin du XIXe siècle, que la propriétaire, Madame Nélie Jacquemart-André légua en 1912 à l'Institut de France. Dans le musée sont rassemblées de nombreuses collections du XVIIIe siècle européen et de la Renaissance italienne. Au rez-de-chaussée, peintures et dessins de Boucher, Chardin, Watteau, et sculptures de Houdon et de Pigalle, qui illustrent bien l'époque de Louis XV, tandis que le XVIIe et le XVIIIe siècles européens sont magnifiquement représentés par Canaletto, Murillo, Rembrandt, etc. Parmi les Italiens, y sont présentés des peintures de Botticelli, des terres cuites de Della Robbia, des sculptures de Donatello, des grandes toiles de Tintoret et de Paolo Uccello.

Deux éléments caractéristiques du mobilier urbain parisien: une colonne Morris où sont affichés spectacles et publicités et une des entrées de station de métro réalisées par Hector Guimard.

CATHÉDRALE SAINT-ALEXANDRE-NEWSKY - C'est l'église orthodoxe russe la plus importante de Paris. Elle se trouve au n° 12 de la rue Daru et fut érigée en 1860 dans le style néo-byzantin des églises moscovites. L'intérieur est richement décoré de stucs dorés, d'icônes et de fresques.

PARC MONCEAU - Ce splendide jardin, centre d'un quartier très particulier et très élégant a son entrée principale sur le boulevard de Courcelles. Il fut dessiné par le peintre Carmontelle pour le duc d'Orléans, en 1778. Le 22 octobre 1797 y atterrit Garnerin, premier parachutiste du monde. En 1852, le financier Péreire fit construire deux splendides hôtels dans le parc, puis l'ingénieur Alphand fit d'une partie du parc un jardin public à l'anglaise: ruines, temples, petit lac, rochers artificiels. À l'entrée, le **Pavillon de Chartres**, une rotonde à colonnade œuvre de Ledoux, et encore la **Naumachie,** bassin ovale entouré d'une colonnade, provenant d'un mausolée d'Henri II à Saint-Denis, qui ne fut jamais terminé. Tout près, une arcade de style Renaissance ayant fait partie de l'ancien Hôtel de Ville.

MUSÉE CERNUSCHI - Entrée au n° 7 de l'avenue Velasquez. C'était la demeure du banquier Cernuschi, lequel le légua par testament à la Ville de Paris en 1896, ainsi que les œuvres d'art orientales qu'il avait collectionnées. À noter une magnifique statue représentant un *Bodhisattva assis,* en pierre, du Ve siècle, et plusieurs peintures anciennes parmi lesquelles les *Chevaux et palefreniers,* véritable chef-d'œuvre de l'époque Tang (VIIIe siècle), peint sur soie.

MUSÉE NISSIM DE CAMON-DO - Ce musée, au n° 63 de la rue de Monceau, se trouve dans la demeure du comte de Camondo qui, en 1936 fit don de l'Hôtel et de ses collection du XVIIIe siècle aux Arts Décoratifs en souvenir de son fils Nissim tué à la guerre. Ce musée raffiné est un superbe exemple de ce que pouvait être une élégante demeure de l'époque de Louis XVI. On y voit rassemblés des meubles signés, des pièces d'orfèvrerie et d'argenterie, de magnifiques services de table des toiles de Guardi, Jongkind, et Vigée Lebrun, etc.

PLACE DE CLICHY - Cette place toujours pleine de monde et de voitures fut le théâtre, en mars 1814, de furieux combats entre les troupes russes (qui avec leurs alliés étaient entrées dans Paris et bivouaquaient sur les Champs-Élysées) et le maréchal Moncey, auquel par la suite on éleva un monument qui se dresse au centre de la place. De là part le boulevard de Clichy, auquel fait suite le boulevard Rochechouart, qui contournent en partie la colline de Montmartre.

MONTMARTRE

M ontmartre a été et est toujours aujourd'hui un des quartiers les plus pittoresques de la ville. Il se dresse sur une colline calcaire de 130 m d'altitude où, dit la légende, vers l'an 250 fut décapité saint Denis, premier évêque de Paris, en même temps que ses compagnons Eleuthère et Rustique. Par sa position stratégique, d'où l'on domine tout Paris, Montmartre a joué un rôle important dans l'histoire politique de la ville. C'est de là, en effet, que jaillit cette étincelle qui allait mener à la Commune. Puis, pendant tout le XIXe siècle, Montmartre devint le pôle d'attraction pour tous les artistes bohèmes et conserva pendant longtemps la suprématie littéraire et artistique de toute la ville.

Une vue nocturne du Moulin-Rouge
où fut créé le french-cancan.

CIMETIÈRE DE MONT-MARTRE - L'entrée se trouve au bout de la petite avenue Rachel. Créé en 1795 il renferme les tombes de nombreux personnages célèbres: des peintres comme *Fragonard, Degas* et *Chassériau*; des écrivains comme *Théophile Gautier, Edmond* et *Jules de Goncourt, Stendhal, Émile Zola, Alexandre Dumas fils, Henri Heine*; des musiciens: *Hector Berlioz, J. Offenbach*; des auteurs dramatiques comme *Labiche, Giraudoux*; des acteurs de théâtre comme *Sacha Guitry* et *Louis Jouvet*, le grand danseur russe *Nijinsky*, et la célèbre *Alphonsine Plessis*, plus connue sous le nom de "la Dame aux camélias".

PLACE BLANCHE - Au pied de la colline de Montmartre, elle doit son nom aux traces des voitures chargées de plâtre qui autrefois venaient des carrières voisines. Elle nous apparaît dominée par les longues ailes du **Moulin-Rouge,** fondé en 1889, qui connut l'art de Jane Avril, de Valentin le Désossé, de la Goulue, et qui vit naître le «cancan», immortalisé par les toiles de Toulouse-Lautrec. De là, en continuant par le boulevard de Clichy, bordé de très nombreux cinémas modernes et de brasseries, on

rejoint la **place Pigalle,** très animée, surtout le soir, lorsque ses établissements de nuit se mettent brusquement à briller de tous leurs feux. Le **boulevard de Rochechouart** lui-même, qui part de là, est rempli de lieux de plaisir: le dancing de la *Boule-Noire* au n° 118, ou la *Taverne Bavaroise* en face. Au n° 84 fut fondé en 1881 le fameux cabaret du **Chat-Noir,** si souvent chanté par Aristide Bruant.

SAINT-JEAN-DE-MONTMARTRE - L'église se trouve en face du square Jehan-Ric-

tus. Terminée en 1904 par de Baudot, elle est intéressante parce qu'elle est la première église de Paris construite en ciment armé. À cause de son revêtement externe de briques, les gens du quartier l'appellent Saint-Jean-des-Briques.

LE BATEAU-LAVOIR - En suivant la rue Ravignan, on arrive à la petite place Émile-Goudeau. C'est ici que se trouvait le Bateau-Lavoir, petite bâtisse en bois malheureusement détruite par un incendie en 1970, qui vit naître (vers 1900), la peinture et la poésie modernes. Travaillèrent ici Picasso, Braque, Juan Gris (Picasso y peignit *les Demoiselles d'Avignon*, qui marquèrent la naissance du cubisme); et tandis que ceux-ci bouleversaient les canons de la peinture traditionnelle, Max Jacob et Apollinaire en faisaient de même avec la poésie.

RUE LEPIC - Elle part de la place Blanche et monte en serpentant vers le sommet de la colline. En automne, le long de ses virages raides se déroule une course de voitures d'époque. Au n° 54 habita Vincent Van Gogh, avec son frère Théo. Tout près (en face du n° 100), se trouve le célèbre **Moulin de la Galette,** le dernier des trente moulins à vent de Paris qui inspira Renoir et Van Gogh.

SACRÉ-CŒUR

Il se dresse, majestueux, au sommet de la «Butte» Montmartre. Érigée en 1876 par souscription nationale, l'église fut consacrée en 1919. Les architectes auteurs du projet (parmi lesquels Abadie et Magne), la construisirent dans un curieux style mi-roman mi-byzantin. En effet, les quatre petites coupoles et la grande, posée sur son haut tambour, sont typiquement byzantines. En retrait, le campanile carré (haut de 84 m) renferme la "**Savoyarde**", une cloche de 19 tonnes, une des plus grosses du monde. Par un majestueux escalier on arrive devant la façade de l'église, précédée d'un portique à

Les grands escaliers qui montent au Sacré-Cœur et une des statues équestres devant le portail de la basilique.

trois arcades: au-dessus, les *statues équestres du roi Saint Louis et de Jeanne d'Arc.*

Intérieur. Il est très vaste et ses éléments décoratifs, ses peintures et ses mosaïques sont d'une magnificence sans égale. De là on peut descendre dans la crypte ou monter au sommet de la coupole, d'où l'on peut admirer un panorama époustouflant de Paris et de ses environs. Pour admirer la blanche masse de l'église sous un angle encore plus suggestif, on peut descendre, soit par le funiculaire, soit par les escaliers, jusqu'à la place Saint-Pierre située au pied de la Butte.

La grande mosaïque du chœur à l'intérieur du Sacré-Cœur et une vue nocturne de la basilique.

SAINT-PIERRE-DE-MONTMARTRE - Cette église est tout ce qui reste de l'abbaye des Bénédictines de Montmartre, commencée vers 1134 et terminée à la fin du XIIe siècle. La façade a subi une restauration presque complète au XVIIIe siècle. À l'**intérieur** de l'église, quatre colonnes provenant d'un temple romain qui s'élevait là précédemment. L'église comporte trois nefs à piliers, un transept et trois absides. Dans le bas-côté de gauche, la *tombe de Marie-Adélaïde de Savoie,* épouse de Louis VI le Gros et fondatrice de l'abbaye.

PLACE DU TERTRE

Cette ancienne place de village, aujourd'hui ombragée de verdure, est le cœur de Montmartre, par la couleur et la gaieté qui l'animent et la font vivre. Avec ses peintres et sa foule cosmopolite, c'est surtout la nuit qu'elle vit ses heures magiques, lorsque les «boîtes» caractéristiques qui l'entourent se remplissent de gens et de lumières. De jour, le centre de la place est rempli d'artistes qui travaillent peu pour eux-mêmes mais beaucoup pour le touriste.

«AU LAPIN AGILE» - En descendant par la rue Norvins, nous arrivons à la charmante rue des Saules en pente raide. Tout près d'ici habitèrent des représentants célèbres du monde de la peinture parisienne, parmi lesquels Suzanne Valadon et Utrillo. À l'angle de la rue Saint-Vincent, a demi caché par un acacia, se trouve le rustique cabaret «Au Lapin agile», appelé ainsi en raison de son enseigne peinte par le peintre André Gill, mais qui s'appelait à l'origine le «Cabaret des Assassins». Il fut très fréquenté, de 1908 à 1914, par des peintres et des poètes très démunis, mais qui parvinrent très vite à la gloire; de nos jours s'y tiennent d'intéressantes soirées littéraires.

La place du Tertre, célèbre rendez-vous des artistes qui peignent en plein air.

Quelques tours dans le quartier de la Défense et une vue de la Grande Arche.

LA DÉFENSE

L'opération d'urbanisme de la Défense, conçue comme une gigantesque zone de 130 hectares vouée aux affaires, fut commencée en 1955 dans le prolongement du pont de Neuilly. Les immeubles sont construits au-dessus d'un immense espace réservé aux piétons, de 120 mètres de long sur 250 mètres de large, qui s'étend en gradins jusqu'à la Seine et sous lequel passent toutes les voies de communication.

Parmi les imposants édifices modernes aux formes géométriques pures (Tours Fiat, Manhattan, Gan, Elf-Aquitaine...), signalons particulièrement le Palais du C.N.I.T. (Centre National des Industries et des Techniques) qui accueille aujourd'hui des salles de conférence, de vastes espaces pour foires et salons, un hôtel, de nombreux magasins et des restaurants. Bâti en voiles de béton par les architectes Zehrfuss, Camelot et Mailly, il a la forme audacieuse d'une coquille renversée ne reposant que sur trois points d'appui.

LA "GRANDE ARCHE" - Conçue en 1982 par l'architecte danois Otto von Spreckelsen et inaugurée en juillet 1989, la Grande Arche se compose de deux tours hautes de 105 m surmontées par une travée. Au centre de la structure revêtue en marbre de Carrare et en verre est suspendu un grand vélum appelé le «Nuage».

La nouvelle architecture de Paris: La Défense et La Villette

LA VILLETTE

Le parc de la Villette (qui couvre 35 hectares) accueille, depuis le 13 mars 1986, date du dernier passage de la comète de Halley, la **Cité des Sciences et de l'Industrie**.
S'y trouvent la "Géode", avec le plus grand cinéma du monde, la "Grande Halle", une des plus belles architectures métalliques du XIXe siècle et la salle de spectacles du "Zénith".
À l'intérieur de la Villette se trouve également la **Cité de la Musique** dont le Musée de la Musique, créé récemment, est consacré à l'histoire de la musique européenne, de la Renaissance à nos jours.

MUSÉE DE LA MUSIQUE - Le parcours muséographique s'organise de façon chronologique sur neuf thèmes dont chacun présente une œuvre musicale représentative de sa période, avec les partitions, l'ensemble instrumental, les décors: l'*Orfeo* de Claudio Monteverdi, le *Dardanus* de Jean-Philippe Rameau, la *Symphonie Parisienne* de Mozart, la *Symphonie Fantastique* de Berlioz, *Robert le Diable* de Meyerbeer, *Parsifal* de Wagner, la *Symphonie n° 3* de Saint-Saëns, le *Sacre du Printemps* d'Igor Stravinsky et l'*Ex-position* de Mauricio Kagel.
La seconde partie du musée est consacrée aux instruments et à leur fabrication. Parmi les exemplaires les plus beaux et les plus importants de l'exposition, figurent des luths vénitiens du XVIIe siècle, de précieux violons, dont un Stradivarius (ayant appartenu au célèbre virtuose espagnol Pablo de Sarasate) et un Guarnerius del Gesù, et une harpe dont jouait la princesse de Lamballe.
Le XXe siècle est représenté, entre autres, par le synthétiseur de Frank Zappa.

La gigantesque boule d'acier de la "Géode" à la Villette.

BOIS DE BOULOGNE

Situé à l'ouest de Paris, presque à l'opposé du Bois de Vincennes, le Bois de Boulogne avec ses pelouses, ses lacs, ses cascades, ses jardins, couvre 845 hectares. À l'époque mérovingienne, le Bois était une immense forêt, appelée Forêt du Rouvre, du nom très répandu de l'espèce dans sa végétation. Au XIVe siècle y fut construite une église appelée Notre-Dame-de-Boulogne-sur-Mer, et peu à peu le nom de Boulogne remplaça celui de Rouvre. Le bois servit ensuite de refuge et d'abri aux aventuriers et aux bandits, au point qu'Henri II, en 1556, l'entoura de hauts murs avec huit portes. Il fut aménagé une première fois par Colbert. Louis XIV fit ouvrir les portes au public et le bois commença à devenir un but de promenade.

Saccagé et dévasté par les armées anglaises et russes qui y avaient installé leurs camps en 1815, le bois fut donné à la Ville en 1852 par Napoléon III qui chargea Haussmann de le remettre en état: le bois fut ainsi transformé en un vaste parc, sur le modèle du Hyde Park de Londres, que l'empereur avait admiré. De nos jours, on y trouve des lacs (**Lac Supérieur** et **Lac Inférieur**), des cascades (la **Grande-Cascade**), des parcs (celui, splendide, de **Bagatelle**, avec ses deux petits palais, le Château et le Trianon), des musées **(Musée des Arts et Traditions populaires)** et de célèbres installations sportives (l'**Hippodrome de Longchamp**, où se court chaque année le Grand Prix et le champ de courses d'**Auteuil**).

VINCENNES

On l'a appelé le "Versailles du Moyen Âge" et son histoire est étroitement liée à l'histoire de la France. La forêt de Vincennes fut achetée par la Couronne au XIe siècle, et Philippe-Auguste y fit construire un manoir auquel Louis IX (Saint Louis) fit ajouter la chapelle. La forteresse, œuvre des Valois, fut commencée par Philippe VI en 1334 et terminée sous Charles V en 1370: durant cette période furent construits le donjon, une partie de la chapelle et les murs d'enceinte. En 1654, Mazarin (qui était devenu gouverneur de Vincennes deux ans auparavant) chargea Le Vau de construire les deux pavillons symétriques du Roi et de la Reine. Au début du XVIe siècle (jusqu'en 1784), le roi préféra Versailles à Vincennes et le donjon (où d'abord il habitait) devint prison d'État. En 1738 il se transforma en fabrique de porcelaine (transportée à Sèvres en 1756), puis Napoléon Ier en fit un important arsenal: en 1814, avec pour gouverneur le général Daumesnil, il oppose une héroïque résistance aux alliés. Il fut quelque peu modifié sous Louis-Philippe, qui en fit un bastion pour la défense de la ville. Sa restauration commença sous Napoléon III, qui en confia la tâche à Viollet-le-Duc. Le 24 août 1944, les Allemands firent sauter une partie des fortifications et incendièrent les pavillons du Roi et de la Reine.

CHÂTEAU - Il a la forme d'un grand rectangle entouré d'un profond fossé et de murs puissants, dont les tours sont aujourd'hui tronquées. La tour de l'entrée, la **Tour du Village,** est la seule, avec le donjon, qui ne soit pas décapitée: elle a 42 m de haut, et même si elle a perdu une partie des statues qui la décoraient en façade, elle présente encore des restes de décorations go-

Les Bois de Paris:
Boulogne et Vincennes

thiques au-dessus de la porte. Sur le côté ouest s'élève le magnifique **donjon** qui, dans ses lignes puissantes mais élégantes, résume tout l'art militaire du XIVe siècle. Il a 52 m de haut et est garni aux quatre angles de tourelles. Il est entouré lui aussi d'une "chemise" (enceinte particulière) et d'un fossé: un chemin de ronde couvert couronne l'enceinte.

Le côté du château opposé à celui de l'entrée, c'est-à-dire le côté sud, présente une tour au centre, la **Tour du Bois,** abaissée par Le Vau et transformée en entrée d'honneur. Dans le fossé à droite, au pied de la Tour de la Reine, une colonne indique l'endroit où, le 20 mars 1804, fut exécuté le duc d'Enghien (prince de Condé), accusé de complot contre le Premier Consul. Le dernier côté présente cinq tours, toutes décapitées.

CHAPELLE - Elle fut commencée sous Charles V en 1387 et terminée sous Henri II vers 1522. Érigée en style gothique flamboyant, sa façade est percée de grandes rosaces de pierre et de délicats ajours. Malheureusement, la flèche a disparu. **Intérieur.** Une seule nef, éclairée par les grandes fenêtres à la base desquelles court une élégante frise. Les vitraux, très restaurés, sont du milieu du XVIe siècle et représentent des *scènes de l'Apocalypse.* Dans le chœur, dans une chapelle, le *tombeau du duc d'Enghien.*

En face de la Chapelle s'élève le **donjon** qui, depuis 1934 a été aménagé en musée historique. Aux trois étages dont il se compose, les souvenirs des rois et des personnages qui l'habitèrent. Les étages ont la même disposition: ils se composent d'une vaste salle voûtée avec un pilier au centre et de quatre petites pièces aux angles, d'abord destinées à l'usage privé puis transformées en cellules. De la terrasse, une vue splendide sur Paris, le bois et ses alentours. Toujours dans la cour, les deux pavillons du roi et de la reine. Dans le premier, à droite, mourut Mazarin en 1661; le second est aujourd'hui le siège du Service Historique de la Marine.

BOIS DE VINCENNES - Le bois qui, avec ses 995 hectares est le plus vaste de Paris, fut donné à la Ville par Napoléon III afin d'être transformé en parc public. Dans sa grande étendue se trouve, dans la partie est, le **Lac des Minimes,** rendu plus pittoresque par trois petites îles; tout près d'ici, le **Petit temple indo-chinois**, élevé en mémoire des Vietnamiens morts durant la Première Guerre mondiale; au n° 45 de l'avenue de la Belle Gabrielle se trouve le **Jardin tropical**; le **Parc floral**, qui toute l'année offre des centaines et des centaines d'espèces de fleurs, et un riche **exotarium** avec ses poissons et ses serpents tropicaux.

ZOO - Son entrée principale se trouve avenue Daumesnil. C'est un des plus beaux zoos d'Europe et un des plus grands: il a une superficie de 17 hectares et accueille 600 mammifères et 700 oiseaux. Un grand rocher (72 m de haut) est destiné aux chamois.

13ème Itinéraire

Antoine Coysevox: buste de Louis XIV.

Le château de Versailles, tel que l'avait conçu J.H. Mansart dans un tableau de la première moitié du XVIIIe siècle.

Une vue du Salon de Vénus. Sur la droite, la statue de Louis XIV par Jean Warin.

La somptueuse façade du palais donnant sur le Parterre d'eau.

Versailles

SON HISTOIRE - Situé au sud-ouest de Paris, dont il est distant de 20 km environ, au temps de Louis XIII Versailles n'était qu'un modeste rendez-vous de chasse, construit en 1624 et constitué par un simple édifice carré avec au centre l'actuelle Cour de Marbre. La création du grand Versailles est due à Louis XIV qui, à la suite des événements de la Fronde, préféra abandonner Paris et transformer le simple château de chasse de son prédécesseur en un palais digne de ce magnifique souverain qu'il voulait être. En 1668, Le Vau doubla l'édifice primitif, lui donnant une large façade du côté qui regarde vers le parc. Les travaux de transformation du palais durèrent longtemps, sous la direction des autres architectes Hardouin-Mansart et Le Nôtre. Ce dernier s'occupa surtout de l'aménagement des grandioses jardins. Le 6 octobre 1789, la famille royale rentra à Paris dans son carrosse doré, les femmes des halles ayant marché sur Versailles en une démonstration sans précédent. Privé de sa cour princière, le château tomba dans un état d'abandon quasi total, fut saccagé à plusieurs reprises et dépouillé de nombre de ses œuvres d'art jusqu'en 1837, quand Louis-Philippe le restaura et en fit un musée de l'Histoire de France. Occupé par les Allemands en 1870, il vit le couronnement de Guillaume de Prusse comme empereur d'Allemagne. En 1875 la République y fut proclamée et en 1919 on y signa avec l'Allemagne le traité de paix qui mettait fin à la Première Guerre mondiale.

PALAIS - On passe la grille d'honneur (qui, sous Louis XIV, était ouverte à 5h30 chaque matin) et on entre dans la première cour, dite **cour des Ministres,** au fond de laquelle se trouve la statue équestre de Louis XIV (1835, Cartellier et Petiot) et qui est délimitée par deux longs édifices appelés **ailes des Ministres;** à la seconde cour, la **cour Royale,** avaient accès les carrosses de la famille royale: à son tour, celle-ci est délimitée à droite par **l'aile de Gabriel** ou **aile Louis XV** et à gauche par **l'aile Vieille;** la dernière cour, enfin, la **cour de Marbre,** entourée de ce qui fut le noyau du château de Louis XIII, avec les briques rouges qui alternent avec les pierres blanches. Les trois fenêtres du balcon central étaient celles de la chambre du roi; c'est de là que le 1er septembre 1715 fut annoncée la mort de Louis XIV à 8h15 du matin; à ce même balcon, soixante-quatre ans après, Louis XVI se montrait pour calmer le peuple qui voulait qu'il vînt à Paris.

On traverse une arcade pour passer de la cour Royale à la **façade ouest** du palais, la plus célèbre et la plus belle. Elle s'étend sur une largeur de 580 m, donnant sur les harmonieux jardins. C'est à Le Vau que l'on doit l'avant-corps central, tandis que les deux ailes placées élégamment en retrait sont de Hardouin-Mansart. Chaque élément est composé de deux ordres, l'ordre inférieur en arcades à bossage, l'ordre supérieur à pilastres, demi-colonnes adossées et hautes fenêtres. Les deux ordres sont couronnés par un attique à balustres, destiné au logement des membres de la cour, tandis que le corps de logis central et les deux ailes étaient destinés à la famille du roi et aux princes du sang.

Le Salon de Mars qui, lors des soirées de cour, servait de salon de musique.

Le Salon de la Guerre dont l'énorme médaillon en stuc d'Antoine Coysevox accueille une représentation héroïque de Louis XIV.

Une vue de la Galerie des Glaces avec ses superbes candélabres en bois doré.

Intérieur. De la cour Royale on accède à l'intérieur du palais par l'aile de Gabriel. Après deux vestibules, nous trouvons le **Musée d'Histoire,** dont les onze salles illustrent les époques de Louis XIII et de Louis XIV. Au fond de la première galerie, on accède par un escalier à l'**Opéra,** créé par Gabriel en 1770 pour le mariage de Louis XVI et de Marie-Antoinette: il est de forme ovale, avec de précieuses boiseries dorées sur fond bleu. On monte au 1er étage, où la **Chapelle,** construite d'après un projet de Hardouin-Mansart entre 1698 et 1710, mérite une attention particulière. Elle comporte trois nefs, des piliers carrés soutiennent les arcades surmontées d'une galerie à colonnes cannelées. De la Chapelle on passe au **Salon d'Hercule,** vestibule du **Grand Appartement du Roi,** formé de six salons ornés de stucs, de marbres polychromes, de tapisseries. Le souverain y recevait la

151

Le *Salon de la Paix*,
qui donne sur la
Galerie des Glaces,
et la *Chambre de la
Reine* au somptueux
décor.

cour trois fois par semaine, de six heures à dix heures du soir.
Les salons tirent leur nom des différents sujets mythologiques
peints sur les plafonds: ainsi se succèdent le **Salon de l'Abondance** et celui de **Vénus**, le **Salon de Diane** (avec un *buste de
Louis XIV* du Bernin), qui était la salle de billard; le **Salon de
Mars**, qui était la salle de bal, avec une magnifique tapisserie
des Gobelins qui représente *l'Entrée de Louis XIV à Dunkerque;*
le **Salon de Mercure**, la salle de jeux, où le corps de Louis XIV
fut exposé pendant huit jours; le **Salon d'Apollon**, destiné à la
musique, mais qui, durant le jour devenait salle du trône. Par le
Salon de la Guerre, avec sa coupole peinte par Le Brun et un superbe médaillon de stuc de Coysevox représentant *Louis XIV à
cheval,* on arrive à la célèbre **Galerie des Glaces**. Chef-d'œuvre
de Hardouin-Mansart, qui la fit construire en 1678 (elle fut terminée huit ans après), elle a 75 m de long et 10 de large et sa
voûte fut décorée par Le Brun de peintures illustrant les victoires
françaises. Dix-sept grandes fenêtres ouvrent sur le parc, corres-
pondant à autant de glaces aux murs opposés: au temps de
Louis XIV elle était éclairée le soir par la lumière de trois mille
chandelles. La Galerie était enrichie de tapisseries, de statues et
de petits orangers placés dans des caisses en argent. Au bout de
la Galerie des Glaces, le **Salon de la Paix**, appelé ainsi à cause
du grand médaillon ovale surmontant la cheminée qui représente *Louis XV donnant la paix à l'Europe* (Lemoyne, 1729).
Contigu à la Galerie, l'**Appartement du Roi**. Il est constitué par
la **Salle du Conseil**, où Louis XIV avait l'habitude de travailler
avec ses ministres; la **chambre à coucher**, revêtue de boiseries
blanches et or, où Louis XIV mourut, et le célèbre **Salon de
l'œil-de-bœuf**: ici, matin et soir les dignitaires de la cour assis-
taient au lever et au coucher du roi. Le **Petit Appartement du**

Trois tableaux commémoratifs exposés dans la Galerie des Batailles: Horace Vernet, la Bataille de Bouvines (27 juillet 1214) et la Bataille de Friedland (14 juin 1807) et François Gérard, l'Entrée d'Henri IV à Paris (22 mars 1594).

Roi, de style Louis XV est également très beau. Revenant dans le Salon de la Paix, on entre dans le **Grand Appartement de la Reine**, construit entre 1671 et 1680. Il se compose de la **chambre de la Reine**; du **Salon des Nobles** décoré avec le mobilier qui s'y trouvait en 1789; d'une **antichambre**, avec de magnifiques *tapisseries des Gobelins* et un *portrait de Marie-Antoinette,* œuvre de Vigée-Le Brun; de la **Salle des Gardes de la Reine** où, le 6 octobre 1789, un groupe d'insurgés venus de Paris massacra plusieurs des gardes qui défendaient Marie-Antoinette. De cette salle on peut passer à la visite des six petites pièces de pur style Louis XVI qui forment ce que l'on appelle le **Petit Appartement de la Reine.** Par l'**escalier de la Reine**, de Hardouin-Mansart, on passe dans la **Grande Salle des Gardes**, où se trouvent deux œuvres de David, la réplique du *Sacre de Napoléon* et la *Distribution des aigles*, et une de Gros, représentant *Murat à la bataille d'Aboukir*. Près de là se trouve la belle **Galerie des Batailles**, réalisée par Louis-Philippe en 1836: son nom lui vient des peintures qui illustrent les plus fameuses batailles de l'histoire de France, parmi lesquelles celle de Taillebourg, peinte par Delacroix. Toujours par l'escalier de la Reine, on arrive aux salles du rez-de-chaussée, décorées en style Louis XIV, avec des peintures relatives aux règnes de Louis XV et de Louis XVI.

Une vue du palais de Versailles
avec le Parterre du Midi au
premier plan.

La Fontaine de Latone devant
l'escalier qui mène au château.

JARDINS - On les considère comme le prototype des jardins à la française, par leur style élégant, riche de «trouvailles» artistiques et d'inventions scénographiques. Les jardins furent dessinés par Le Nôtre entre 1661 et 1668 et couvraient une superficie de 100 hectares. Le point de vue le plus étonnant est sans aucun doute celui que l'on a de la terrasse: à ses extrémités, la **fontaine de Diane** à droite et celle du **Point-du-Jour** à gauche, ornées de statues en bronze. D'un côté de la terrasse, les **parterres du Nord** avec des bassins et des statues, dont la *Vénus à la tortue* de Coysevox et une copie du *Rémouleur* d'après l'antique et la **Fontaine de la Pyramide,** de Girardon. Près d'ici, le **bassin des Nymphes de Diane** et l'**allée des Marmousets,** une double file de 22 bassins ornés d'enfants de bronze portant le jet des fontaines: celle-ci nous mène jusqu'au **bassin des Dragons** et au **bassin de Neptune** (1740).

Du côté sud de la terrasse, les **parterres du Midi,** avec leurs élégants motifs de buis. Du balcon, on peut voir l'**Orangerie** où se trouvaient 3.000 arbres (orangers, amandiers, grenadiers). Chaque année on y plantait plus de 150.000 variétés de fleurs. Près de là, le grandiose **escalier des Cent marches** et la **pièce d'eau des Suisses,** petit lac créé entre 1678 et 1682 par les gardes suisses: à son extrémité, une statue du Bernin représente *Louis XIV,* que Girardon transforma en Marcus Curtius. De la terrasse centrale on descend au **bassin de Latone,** chef-d'œuvre de Marsy, représentant la déesse, avec ses enfants Diane et Apollon. De cette fontaine part la longue pelouse dite le **Tapis-vert** qui nous mène au grand **bassin d'Apollon.** Là, Tuby, l'auteur du projet du bassin, a imaginé le char du dieu traîné par quatre chevaux, tandis que les tritons soufflent dans leurs conques pour annoncer l'arrivée d'Apollon. Derrière ce groupe sculpté s'étend un vaste espace de verdure, divisé par le **Grand-Canal,** et coupé en sa moitié par le **Petit-Canal.** On trouve là des bosquets, des bassins, des fontaines: le **bosquet des Dômes,** de Hardouin-Mansart, celui de l'**Obélisque**, également de lui, celui des **Bains d'Apollon,** l'**Île des Enfants,** ornée de sculptures de Hardy de 1710, le **bassin d'Encelade** avec la statue de Marsy représentant le géant qui finit écrasé par un rocher.

LES TRIANONS - C'est un autre exemple stupéfiant du luxe et de la vie fastueuse que l'on menait à Versailles.

GRAND TRIANON - Ce palais, placé dans un coin du parc de Versailles, fut l'œuvre de Louis XIV, qui avait l'habitude d'affirmer que le Trianon était fait pour lui, alors que Versailles était pour la cour. Il fut construit par Mansart en 1687, dans les formes classiques d'un palais à l'italienne: à un seul étage, avec de grandes fenêtres à arcades alternant avec des pilastres doriques, le tout d'une délicate couleur rose. C'est contre l'avis de l'architecte, en outre, que Louis XIV décida de faire construire le péristyle à colonnes et pilastres qui relie les deux ailes au reste du palais.
Intérieur. Le corps de logis de droite comprend l'**appartement de réception**, celui **de Napoléon Ier** (où précédemment avaient habité Mme de Maintenon et Mme de Pompadour) et l'**appartement de Louis XIV**, qui y habita de 1703 à sa mort. Dans le corps de logis de gauche nous trouvons l'**appartement de Monseigneur,** fils de Louis XIV, aux murs revêtus d'une précieuse boiserie d'époque.

PETIT TRIANON - Construit par Gabriel en 1762 sur le désir de Louis XV, il est considéré comme le palais de la favorite de France. Madame de Pompadour y mourut en 1764, et il devint ensuite l'endroit favori du roi qui aimait à y passer son temps libre auprès de la comtesse du Barry. Louis XVI en fit le don symbolique à Marie-Antoinette et Napoléon Ier l'offrit à sa sœur Pauline. À cause de sa façade simple qu'enjolivent des colonnes, de son style élégant et de ses proportions harmonieuses, ce petit palais peut être considéré comme le premier exemple de style néoclassique. À l'intérieur se trouve le mobilier ayant appartenu à Marie-Antoinette.
Dans le parc qui l'entoure, il faut voir le petit **Temple de l'Amour** construit en 1778 par Mique, avec douze colonnes corinthiennes soutenant la coupole, sous laquelle se trouve la *statue de l'Amour adolescent* et le **Hameau de la Reine,** un charmant coin de fausse campagne, avec ses maisons à toit de chaume, une laiterie, un moulin à aube, mû autrefois par un ruisseau. C'était l'endroit préféré de Marie-Antoinette, où elle venait souvent se promener, se donnant l'illusion d'être une simple dame de la province, et qu'avait créé le peintre Hubert Robert entre 1783 et 1786.

Le moulin du Village de la reine, près du Petit Trianon.

Les environs:
DISNEYLAND® PARIS

À quelques minutes de Paris, en métro, Disneyland® est devenu une étape incontournable pour tous ceux, petits et grands, qui visitent la capitale. Avec ses merveilleuses attractions, ce parc de divertissement permet de se plonger dans le pays des contes de fées ou dans l'aventure spatiale, de naviguer à bord d'un bateau à aubes ou de se faire catapulter sur la lune par un canon géant, de frissonner dans une maison hantée et de passer des images holographiques aux projections en 3D au "Cinémagique". Et encore, de flâner dans les rues d'une ville américaine du début du siècle, de tournoyer dans les tasses géantes du Chapelier Fou ou de traverser, à toute vitesse, les ruines d'un temple millénaire.

©Disney

©Disney

Index Général